华夏智库·新管理丛书
华夏智库
HUA XIA ZHI KU

U0678971

KUAJIE YINGXIAO

跨界营销

——传统企业借跨界营销突出重围

彭江根 著

经济管理出版社
ECONOMY & MANAGEMENT PUBLISHING HOUSE

图书在版编目（CIP）数据

跨界营销——传统企业借跨界营销突出重围/彭江根著.—北京：经济管理出版
社，2016.3
ISBN 978 – 7 – 5096 – 4223 – 8

Ⅰ.①跨… Ⅱ.①彭… Ⅲ.①市场营销 Ⅳ.①F713.50

中国版本图书馆 CIP 数据核字（2016）第 021176 号

组稿编辑：张　艳
责任编辑：王格格
责任印制：黄章平
责任校对：车立佳

出版发行：经济管理出版社
　　　　　（北京市海淀区北蜂窝 8 号中雅大厦 A 座 11 层　100038）
网　　址：www. E – mp. com. cn
电　　话：（010）51915602
印　　刷：北京银祥印刷厂
经　　销：新华书店
开　　本：720mm × 1000mm/16
印　　张：10.25
字　　数：140 千字
版　　次：2016 年 3 月第 1 版　2016 年 3 月第 1 次印刷
书　　号：ISBN 978 – 7 – 5096 – 4223 – 8
定　　价：38.00 元

前　言

传统企业突出重围，急需挖掘新的增长点

在当前的经济形势下，中小企业面临的困难很多，由于目前国内需求不足、市场销售不畅、部分行业产能过剩、有的产品价格下降、有的库存下降、有的回款不好……而且，随着物价的飞速上涨，在产品价格下降和成本投资上升的双重压力下，企业利润急速下降，很多中小企业现在已举步维艰！

面对竞争日益激烈的外部环境以及内部的种种问题，传统的产品营销模式已经无法满足市场的竞争需求，如何找到一个好的营销模式，抢占商机，让企业的产品（业务）信息在第一时间被大众看到，激起消费者的强烈购买欲望，是每一位企业经营者需要思考的问题。

在浩瀚的商业浪潮中，传统的营销模式被电子商务的狂流击打侵蚀，其越发显得单薄与无助。如果还一味简单地利用周围的人脉关系进行传播，或是东奔西跑到处揽买卖，等待企业的必将是覆灭。要想走出现实窘境，就必须突围出击，借助互联网的东风采用"跨界"营销，分享获取盈利的大"蛋糕"。

其实早在 2013 年，"跨界"就已经成为中国互联网发展的热门词语，比如：本来做互联网的，做起了金融，卖起了保险；做视频网站的，卖起了电

视机；而卖电视的，则玩起了互联网……在迈向大互联的今天，"跨界"已经成为一种必然的趋势。

笔者认为，互联网发展带来的"跨界"现象，可以分为三个层面：

第一，产业层面。虚拟经济与实体经济互相融合渗透平台型生态系统的商业模式。例如，对于外界来说，很难定义阿里巴巴是什么类型的公司，因为它包含了许多东西，甚至还花十几亿元买下了恒大足球50%的股权，玩起了足球。

第二，组织层面。随着互联网的发展，专业化分工越来越明显。"虚拟化组织"的迅速发展，让传统组织管理遇到了前所未有的挑战，组织边界也越来越模糊。

第三，"跨界"式人才。在互联网时代，随着信息量的爆发以及传播方式的普及，很多人不得不主动或被动地进行"跨界"知识储备。这些"两栖人"才成了许多企业竞相邀请的对象。

笔者相信，"跨界"竞争势必会让原有的商业秩序进行重新洗牌，掀起一场拉锯战。如果你不先实施"跨界"，那么别人就会先下手为强，如此你就会遭到打劫；如果你不"跨界"，别人就会让你"出轨"，企业的命运也就可想而知！

在别人收费的地方免费，在免费的基础上添加增值服务，是非常典型的打破现有格局及传统利益分配的方式。过去，很多硬件厂商都是通过硬件销售来获得利润的，比如手机、电视等行业。但在小米、乐视进入这个行业后，大家就改变了玩法——把用户引导到一个自建的网络生态系统中，通过多样化的增值服务来黏住客户并形成消费；如此，用户便可以在一个生态系统中享受到各种各样的服务。可见，用"跨界"的思维做增值服务，才是最行之有效的"高富帅"增值服务。

开始的时候，乐视网也仅仅是个视频网站，与其他网站没有什么不同，主要工作就是：买进版权、提高流量、吸引广告商。可是，2014 年乐视网却"跨界"玩起了电商，并逐渐往多方向、多行业发展，例如乐视电视。依靠乐视此前拥有的庞大用户基础，乐视网推出的乐视盒子受到了广大用户的欢迎，免费基础上的增值服务效果在此得到了最佳的体现。

面对激烈的世界大潮，必须顺势而动，只有实施"跨界"，才能为企业带来希望。可是，如何实施这种商业模式呢？采用这种方式的时候，需要注意哪些问题？为了回答这些问题，笔者特意编写了这本书。

在本书中，笔者不仅对"跨界"营销的本质做了阐述，还对"跨界"的策略做了详解；不仅讲解了如何制定"跨界"策略，还介绍了企业应该避免的几个误区……更重要的是，为了更形象地说明问题，笔者还特意选取了大量典型的案例。这些案例有正面的，也有反面的，都可以给读者以借鉴。

路漫漫其修远兮，吾将上下而求索！

目 录

第一章 "跨界"大潮汹涌，
决胜"跨界"营销

◇ 新消费群态下的"跨界"营销浪潮

在"跨界"消费时代，消费者会表现得更加感性：消费者的购买决策往往采用的是心理上的感性标准，即"我喜欢的就是最好的"；其购买行为通常都是建立在感性逻辑之上的，以"喜欢就买"作为行动导向。

所谓新消费群体是指中国"80后"、"90后"消费人群，这是一个前所未有的超级消费群体。随着这支超级消费群体的异军突起，中国大宗商品消费的超级动力形成了，不仅构筑了中国未来巨大的商品需求，还催生了中国巨大的投资空间与产能空间。

新消费群体消费能量巨大，这一群体既不同于"50后"、"60后"，也不同于"70后"，数倍甚至数十倍于前人。也就是说，一个"80后"、"90后"的年轻人，其实际商品（服务）的消费量，可以顶得上数个、数十个"50

后"、"60后"，甚至远远超过了生于三四十年代的祖父母辈。

比如，新消费人群通常都拥有鞋、帽、服装、手袋等，还喜欢旅游、美容、娱乐等其他消费，这些服务数量要数倍于上辈。而且，一旦这一人群参加工作，还要大量购买商品，有些甚至是大宗商品或消耗强度很大的商品，如汽车、住房等……因此，当"80后"、"90后"及其子女成为中国消费主力时，几乎所有的商品都将出现持续性的旺盛增长。

新消费人群的这些消费特征，就决定了中国经济产业未来多方面的巨大发展，进而催生了新的营销方式——"跨界"营销的出现！

如今，到范思哲去喝杯咖啡，去Prada的酒吧饮杯酒，约朋友在香奈儿的餐厅吃饭，交流一下试用富士集团新推出的艾诗缇化妆品的心得，一起去帮朋友选购一个 Zippo 打火机的同时再试穿一件Zippo的男装……这些都已经成为时尚。虽然初听起来让人感到惊讶，但如今的各大品牌确实在尝试这些事情，越来越多的品牌开始将自己的业务和产品线延伸到了主营业务之外。

> Zippo：
>
> 　　中文名称：芝宝，是由美国Zippo公司制造的金属打火机。美国人乔治·布雷斯代（绰号"Mr. Zippo"）是Zippo的创始人，自20世纪30年代以来，已经推出了数百种富有收藏价值的样式。每款Zippo都是一件艺术品，皆具有收藏价值。

从传统到现代，从东方到西方，"跨界"的风潮愈演愈烈，已经代表了一种新锐的生活态度和审美方式的融合。如今，随着市场竞争的日益加剧，仅靠相互渗透、相互融会，行业之间已经很难对一个企业或者一个品牌清楚地界定它的"属性"了，"跨界"已经成为国际最具潮流的字眼。

每一个优秀的品牌，都能比较准确地将目标消费者的某种特征体现出来，但由于特征单一，很容易受到外界因素的影响，尤其是当出现类似的竞争品牌情况时，这种外部因素的干扰就会显得更为明显。可是，一旦找到了互补性的品牌，只要对目标群体特征进行多方面的诠释，就可以形成整体的品牌印象，产生更具张力的品牌联想！

"跨界"引领中国消费的新时代

根据马斯洛的需求层次理论，在基本需要未得到满足之前，人们是不可能有更高层次需要的。消费者的消费需求莫不如此！

在低收入社会，由于收入水平和消费能力所限，人们追求的仅仅是衣、食、住等方面最低限度的满足；在工业社会，人们主要追求的是经济和物质生活的丰富化；进入信息化社会后，人们开始追求有效利用自由时间和文化，以及精神方面的充实，这是对真正富足的追求……随着需求层次的不断提高，人们的消费出现了升级换代。

"跨界"潮的出现，就是这种社会消费升级的体现！可以设想一下，当你决定购买一款中意的手机时，难道在心里仅仅会将其当作一个通信工具吗？当你选择一瓶喜欢的饮料时，心里想的仅仅是解渴吗？显然，如今的消费行为早已没有这么单纯了！无论是对于一款手机，还是对于一瓶饮料，消费者通常都有着更多的期望。

无处不在的"跨界"潮，昭示着我们的社会已经升级进入到一个全新的消费时代——"跨界"消费时代。在"跨界"消费时代，消费者会表现得更加感性：消费者的购买决策往往采用的是心理上的感性标准，即"我喜欢的就是最好的";其购买行为通常都是建立在感性逻辑之上的,以"喜欢就买"作为行动导向。简单地说,就是商品不但要具有一定的"功能"效益,还要有别样的"体验"或"情感"效益。当一件商品或服务能够出现额外的"体验"满足时,消费者往往更愿意付钱。

在"跨界"消费时代,人们考虑的是"产品是不是适合我",因此产品都是与个人的生活方式相统一的,比如,我们往往能从一个人的穿着打扮上判断出其所从事的职业。今天,消费者已经不再满足于千篇一律的产品,随着"跨界"车、牛奶手机等丰富而个性化产品的大量涌入,"跨界"必然会成为新的消费引爆点!

对于消费者来说,消费更多地体现为一种生活方式,喝饮料的目的并不仅仅是为了解渴,而是追求保健、时尚乃至个性的满足。换句话说,人们消费的不再是商品或服务的使用价值,更多的是它们被解构生成的附加价值和象征意义。

新消费形态下的"跨界"营销浪潮

所谓"跨界",就是"cross over",原意是指"交换、转型",现在大多数情况下都被用来描述跨越两个不同领域、不同文化形式等范畴融合而成一个新行业、新模式、新风格等行为。如今,这股"跨界"风,已经从汽车界刮到了演艺界,从演艺界刮到了服装界,从服装界刮到了IT界……"跨界"之风似乎没有停歇的打算!

☆ "跨界"车

从长安福特S-MAX、都市SUV雪佛兰科帕奇,到上海大众的Cross POLO,

在如今的中国汽车市场中，已经出现了众多款"跨界" 概念车 。

概念车：

　　一种介于设想和现实之间的汽车。汽车设计师利用概念车向人们展示新颖、独特、超前的构思，反映人类对先进汽车的梦想与追求。这种车往往只是处在创意、试验阶段，也许不会投产，主要用于车辆的开发研究和开发试验，可以为探索汽车的造型、采用新的结构、验证新的原理等提供样车。

　　如今，"跨界"车不再是单纯的功能交叉化理念，已经上升到了消费者精神层面和生活理念的融合，例如：东风雪铁龙 C2 与 Kappa 打造的国内首个汽车品牌和服饰品牌的"跨界"之作——东风雪铁龙 Kappa 版 C2 特装车。

　　今天，"跨界"车已不完全以顾客导向或竞争导向为出发点，而是根据目标消费群体的主流生活方式变化来确定品牌所要传播的消费理念和所要树立的品牌印象。

　　2015 年 8 月，海外媒体曝光了凯迪拉克的新车规划，凯迪拉克计划在 2020 年前推出九款新车，包括一款全新紧凑型三厢轿车、三款全新设计换代车型和多达五款"跨界"车型。

　　其中，CT6 车型在 2015 年推出，而其他的几款车型的更多细节没有一并曝光。不过，可以预见的是，紧凑型三厢轿车将是一款定位低于 ATS 的全新入门级车型。

☆"跨界"音乐

　　如今，不仅主流音乐在寻求"跨界"，民乐也在"跨界"中寻求突破。

"新乐府：'跨界'音乐秀"大型演出，是一个玩转"世界音乐"的著名品牌，具有强烈的中国元素属性。"乐府"本来是中国传统诗歌的一种体裁，原指和音乐以唱的歌诗，"新乐府"是指选取原生态音乐与传统戏曲的素材，采用世界音乐的形式，重拾中国民族流行音乐的审美。

"新乐府"集结了国内一批顶尖的音乐家，他们对中国戏曲及民族民间音乐进行深度挖掘与采样，通过对现代国际音乐品类的理解，二度创作出具有鲜明中国特色的世界音乐。可以说，"新乐府"是当下中国最优秀的流行音乐家和乐手们最大规模、最大投入的一次戏曲"跨界"行动。

"乱弹昆曲"和"吴聊评弹"是"新乐府"的首创表演形式。这种表演形式将更符合现代音乐表现形式的手法"嫁接"到了传统戏曲身上，不仅保留了传统戏曲完整的唱腔唱段，还赋予它更现代的表现手法，让"新乐府"不仅在音色和节奏上符合现代的审美标准，还在音乐匹配度上也做到了合理科学。

2015年5月2日，"新乐府"在北京首次震撼亮相，千人剧场瞬间爆棚，现场一票难求。KK网络直播，3万人同时在线弹幕互动。这场盛大的音乐秀，以当代感极强的视觉装置艺术、绚丽的舞台展现、最好的视觉效果、无与伦比的听觉体验，为新生代观众呈现出了耳目一新的视听盛宴。

☆ "跨界"服装

当服饰与前沿科技产品融合在一起的时候，可穿戴的时尚便有了一种全新的视觉体验。这股时尚新潮在深圳涌动着：会发光的晚礼服，会按摩、能排寒气的套装，带有"自凉"感的夏装……

2015年7月20～21日晚，一场名为"'无界'文化创意之旅"的展览在深圳艺之卉创意产业园启幕，集合科技与时装元素的新锐潮服亮相。

展览现场，赵卉洲、biftpark 北服创新园新锐设计师赵雨童，与我国知名科技公司汉能集团旗下工程师发生了思维碰撞。他们将太阳能引入时装，将前沿科技和东方美学设计巧妙结合，设计出了一款"开眼界"的时尚作品——"会发光的衣服"。他们还以热门和经典科幻电影命名：《三体》、《Inter – stellar》（星际穿越）、《The Fifth Element》（第五元素）等。

这条华美的长裙，采用的是通体发亮和散点发亮的光纤，运用传统的纺织技术，结合异性质纺织纤维纱绒，织成了平面状光纤织物蓝色柯根纱。白天，其呈现纱绒色彩；夜晚或暗处，不同的光源体也会散发出柔和内敛却不失艳丽的光彩，非常奇妙。

还有一套精致的红黑套装，外表看不出有什么不同，可它却是实实在在的"会按摩、能排寒气的服装"。在设计这款套装的时候，他们将中医穴位按摩原理应用到日常西服中，通过震动刺激身体穴位和肌肉，可以实现放松舒缓的功效。这也是一款利用太阳能技术的新锐时装设计。

随着互联网时代的到来，人们的生活方式与科技紧密联系在一起。时装，不仅可以有设计的美感，还可以添加更多功能性、科技化，只要多一些小的创意就能使我们每天的生活多一些乐趣。

☆空气净化器"跨界"

空气净化器是最热门的"跨界"产品，不仅有广受关注的"等风来"小米空气净化器，还有许多其他领域的企业所生产的净化器。

空气净化器是一种技术含量较低的小家电，近两年，随着空气质量的恶化，空气净化器市场呈现爆炸式增长。数据显示，2012 年，空气净化器市场有 56 个品牌，2013 年已经上升到 77 个；2012 年空气净化器平均单价为 2653元，2013 年为 2913 元，均价上涨约 10%；空气净化器毛利率至少为 50%，有的甚至高达 3 倍。而传统家电，如彩电利润却不到 15%，空调利润不足 30%……

空气净化器市场巨大的消费需求和利润率吸引了很多其他领域的企业"跨界"进入。比如，2015 年第一季度，美国热水器和锅炉制造商 A.O. 史密斯 公司宣布：计划向中国市场用户推出空气净化器产品。

> A. O. 史密斯：
>
> 　　一家世界性知名美国企业。从最初 1873 年的橡皮图章、黄铜招牌制作作坊，发展到今天的跨国公司，整整 140 多年，称雄于国际金属焊接业，保持着百年长盛不衰的势头。

空气净化器企业缺乏其他企业无法复制的技术壁垒，其核心部件只有风机和滤网。同时，由于还没有建立统一的行业标准，因此净化器产品也就成了"跨界"企业的首选品种。除了专业厂商和相对搭边的家电厂商外，很多其他行业的知名品牌也玩起了"跨界"，加入到了净化器市场的争夺战中，其中包括猎豹、明基、联想等。

☆体育产品"跨界"

体育"跨界"的产品有很多，比如：

1. Mi Coach——阿迪达斯健身跟踪器

Mi Coach 是一种多功能手表，通过腕部传感器能够对心率进行实时监控；而且，还配有 GPS 定位和彩色触屏、语音指导等功能。Mi Coach 不仅能计算出步速、步频和运动距离，还可以对运动表现数据进行解析，提升运动水平。

2. Nike + Fuel Band SE——耐克手环

2013 年 10 月 15 日，Nike 发布了这款更新产品。

Nike + Fuel Band SE 是 Nike 推出的 Fuel Band 系列第二代产品，拥有很多标签——大厂商出品、成熟品牌、可穿戴设备、健康追踪等，不仅可以监测到心率、脉搏、时间、卡路里、步数等信息，掌握睡眠情况，还支持蓝牙 4.0。

3. Nike Hyper dunk + —— 耐克芯片篮球鞋

Nike Hyper dunk 2013 的设计由前 ACG 系列和跑鞋设计师 Peter Fogg 负责。在制作的过程中，他们延续了"Less is more"的理念，遵从"简约美"的原则，结合了 Nike 掌握的三种篮球鞋技术：Dynamic fly wire、Hyper fuse 和 Luna rion Lite。

Nike Hyper dunk + 不仅可以将每一次的跳跃高度记录下来，还可以追踪到跳跃极限、平均跳跃高度和每场比赛跳跃总高，以及步速、最快速度等信息，之后便会将活动数据转化为 Nike Fuel 数值。

❈企业"跨界"，思维转变是关键

新时代下的"跨界"思维，是综合性、多角度、外向性的策划思维，是一种符合大时代潮流的、能够将企业带出困境的整合营销思维模式，每个遇到"瓶颈"或是想要获得更大成功的品牌企业，都需要具备这种"跨界"思维模式。

在企业发展中，难点有很多，比如资金、人才、地点、政策、创意、产品、卖点等，但其实最难做到的是改变思维模式。以餐饮企业为例，据统计，如今的国内餐饮企业平均寿命由 15 年前的 2.9 年下降为 2.3 年。寿命缩短，利润肯定会随之下降。

是什么原因导致企业管理寿命不断缩短的？个中缘由见仁见智。实践发现，最根本的原因是企业投资者和高管的思维模式固化。

众所周知，中国企业管理引进现代管理理念只有短短的 20 几年，企业高管真正受过系统教育的人更是少之又少，大多是边干边学，课余快速补习。虽然也有很多企业高层参加过一些培训班，但从他们管理企业的业绩中可以看出，这类培训大有"误人子弟"之感。

企业、公司或组织的外部环境每时每刻都在发生变化，如果经营者与管理者的思维不变、模式不变，定然会遇到发展阻碍，实施"跨界"策略更是如此！

"跨界"思维，是一种新型的策划理念与思维模式，主要通过嫁接其他行业的价值对企业进行创新改造；通过制定全新的企业和品牌发展战略战术，可以让原本毫无关系甚至相互矛盾的行业相互渗透、相互融合，在融合的过程中碰撞出新的火花，创造出商业奇迹！

"跨界"思维 = "策划"思维

所谓"跨界"思维，就是大世界、大眼光，要从多角度、多视野看待问题，提出解决问题的方案。它不仅代表了一种时尚的生活态度，更代表着一种新锐的世界大眼光、思维特质。

概括起来，"跨界"思维主要有三个特点：

1. 外向型属性

"跨界"思维属于一种外向型思维，其属性是外向的，更愿意到外面的世界开辟出一片新的天地。按照传统思路，云南白药做牙膏是一种"用鸡蛋砸石头"的不自量力行为。可是，云南白药因为拥有正确的"跨界"思维，成功地实现了产业"跨界"；仅用了短短 7 年的时间，就实现了从 3000 万元到 30 多亿元的"跨界"崛起奇迹，让整个商界都为之震撼！

2014 年，如果你在杭州或苏州的火锅城、川味馆吃饭，店员就会走到你身边，关心你的口腔健康，送你一支云南白药牙膏。这就是云南白药牙膏联合知名餐饮店发起的"十城百店健口行"活动，杭州 沸腾鱼乡 、川味观、苏州干锅传奇、常州星期八酸菜鱼馆等上百家餐馆都是该活动的合作方。这场声势浩大的云南白药牙膏健口行活动不仅成功吸引了消费者的眼球，更让餐厅服务员化身为"护口大使"，在餐饮界刮起了一股护口文化风。

沸腾鱼乡：

凯悦集团的成员之一，设计端庄大气，色调柔和清新，独具民间风情，充满了大自然的淳朴气息：8 只制作精巧的仿真渔船"停泊"在宽敞的大厅，供喜欢回味渔家划船风味的食客亲身体验。里面的包房曲折坐落于小径两侧，包房内设施齐全，非常适合高档商务应酬。在菜品方面，在粤菜的基础上加入了川菜元素，独创新派系，素中有辣、淡中有麻，将川菜与粤菜巧妙地结合在一起。

从 2014 年开始，打造"最适合国人饮食习惯的牙膏"这一推广口号便成为云南白药牙膏的一个战略核心。这一战略的制定，让整个中国牙膏行业在云南白药牙膏引领下发生了大变迁，这种大变迁主要表现为中国牙膏市场整体的价格升级和功能升级。

价格升级：今天，在大中型城市，10～20元已经成为牙膏市场的主流价格区间，20元以上的中高端牙膏更是层出不穷。

功能升级：随着国际药企巨头对云南白药牙膏的不断跟进，越来越多的牙膏品牌传播"口腔问题"和"口腔健康"观念，开始强调专业和医学科技。

可以说，今天的中国牙膏市场，已经从传统的清洁护齿时代步入到一个新的专业健口时代。面对这种整体性的行业时代性变迁，云南白药牙膏提出了"最适合国人饮食习惯的牙膏"这一战略新主张，更是一种对行业竞争新态势的适应性战略应对和升华。

2. "三只眼睛"的全新思维模式

"跨界"思维是"三只眼睛"的全新思维模式，同时也是一种多向性思维的策划。在商场中，很多企业都将这种思维模式做到了极致。

比如，娃哈哈杏仁青稞粥就跳出了传统"八宝粥"的范围，开启了一种"清新平衡"的全新诉求，开发出了新一代健康方便食品。

再如，今麦郎不仅完成了从"弹面"到"直面"的转变，还带动了全线产品的销售，总销量高达上百亿元。

这些成功的案例表明，在今天的市场中，许多问题都不是紧靠两只眼就能解决的，要想成功"跨界"，企业领导者就要拥有"第三只眼"。

3. "跨界"思维更具有综合性

"跨界"思维涉及多行业、多领域、多文化，更具综合性，需要实现由多到一的融合创新，这就对"跨界"思维者提出了更高的要求，他们必须具备多行业、多文化、多领域的营销策划能力。

简单地说，如果按照传统流通产品的运作模式，娃哈哈爱迪生奶粉进军高端奶粉行业显然是不太可能的。可是，娃哈哈爱迪生奶粉却凭借"跨界"思维获得了成功，并向着年销售量 100 亿元的目标迈进。

> 娃哈哈爱迪生奶粉：
>
> 　　由娃哈哈集团委托荷兰皇家乳品公司专项定牌研究开发并在荷兰生产的高品质婴幼儿配方奶粉。荷兰皇家乳品公司拥有 130 多年的历史。2004 年，因其 100 多年来秉承的稳健企业发展及其对民众的强大社会责任，被荷兰皇室授予"皇家"荣誉称号。

2015 年春节前夕，伊利与快的打车成功牵手，成为国内第一家与快的打车"跨界"合作的乳制品企业。春节假期，消费者不仅可以在走亲访友时享受到快的打车带来的优惠便捷服务，还能享用到金典、舒化等一系列高品质伊利产品。除此之外，还可以用打车积分兑换伊利产品，同时，快的打车的二维码也登陆了伊利产品。

伊利通过双方线上线下的优势资源互补，不仅为消费者提供了一种全新的购物体验，还通过优惠活动变相地跟消费者拜了年。

作为亚洲第一、全球乳业 10 强的乳制品企业，伊利始终都在积极地寻求互联网领域的突破与创新。作为各自领域的领跑者，伊利与快的打车的强强联合，不仅创造了更为多元化的品牌营销，为消费者提供了更为极致的产品体验，还对中国快消品牌在互联网时代的转型注入了新的思维和活力，而这才是最重要的！

新时代下的"跨界"思维，是综合性、多角度、外向性的策划思维，是一种符合大时代潮流的整合营销思维模式，能够将企业带出困境，每个遇到"瓶颈"或是想要获得更大成功的品牌企业，都需要具备这种"跨界"思维模式。

改变"策划"思维的方式

思维方式的转变是行为转变、能力提升的一个前提，所以要想升级策划力首先必须改变领导者的策划思维方式。那么，如何改变自己的策划思维方式呢？

1. 从单视角到多视角

意大利文艺复兴大师达·芬奇曾经说过这样一句话："为了彻底了解某件事情，一个人需要从至少三个不同的角度去看待问题。"这一观点表达了一个核心的创新思想——必须避免单视角观察问题，要学会多视角的观察和思考。

在西方现代艺术史上，有一个运动和流派叫"立体主义"，也叫"立方主义"。立体主义的艺术家追求碎裂、解析、重新组合的形式，以许多组合的碎片形态作为自己要展现的目标。为了将象物以最为完整的形象表达出来，他们通常会通过多个角度对象物进行描写，将其置于同一个画面中。这些画家没有系统的理论指导，只是按照自己的思想去创作。正如其代表人物 毕加索 所说："我要按照我的想象来作画，而不是根据我所看到的。"

毕加索：

西班牙画家、雕塑家，法国共产党党员，现代艺术的创始人，西方现代派绘画的主要代表，遗世的作品达 20000 多件，包括油画、素描、雕塑、拼贴、陶瓷等作品。毕加索是位多产画家，据统计，他的作品总计近 37000 件，包括：油画 1885 幅、素描 7089 幅、版画 21000 余幅、平版画 6121 幅。

同样，在今天这个"跨界"消费时代，作为一个企业领导者，我们也应站在多个行业、多个领域的交叉点，去审视市场、审视消费者、审视自己的产品，唯有如此才能发现别人难以发现的市场切入点，而这个点正是实现市场创新突破的关键！

2. 从对立到关联

整个世界是一个相互联系的整体，任何事物与想象都不是孤立存在的，都与周围的其他事物和现象有着某种联系或关系。当然，联系的形式有很多，比如：直接间接联系、内部外部联系、因果联系、必然和偶然的联系等。

著名的"蝴蝶效应"理论就是讲这种关系的。按照这一理论：

一只生活在南美洲亚马逊河流域热带雨林中的蝴蝶，只要偶尔扇动几下翅膀，两个星期后，就有可能使美国得克萨斯州暴发一场龙卷风。其原因就在于：蝴蝶翅膀的运动会让身边的空气系统发生变化，产生微弱气流；而微弱气流的出现又会让四周空气或其他系统产生相应的变化……继而引起一系列连锁反应，最终导致其他系统发生大变化。

由此可见，关联性确实是世界的一种客观真理。可是，在做市场策划时，很多企业都会忽略这种关联性，或者将这种关联性仅仅限定在一个行业、一个企业的"小圈子"里，会用一种对立的目光来看待行业外、产品外的事物。在他们内心中，有一种"你就是你，我就是我"的认知界限，而这种对立就是我们突破创新的一种阻碍，因此，要想实现创新，就必须冲破这一阻碍，从对立思维走向关联思维！

3. 单向思维与交叉思维

《美第奇效应》是创新专家弗朗斯·约翰松写的一本书，对创新灵感和交叉思维做了详细的讲解和阐述，有些观点和说法令人耳目一新。

所谓美第奇效应，就是当思想立足于不同领域、不同学科、不同文化的交叉点上时，可以将现有的各种概念联系在一起组成大量别具一格的新想法。

在这本书中，他把思维分为单向思维和交叉思维：采用单向思维时，我们通常都会知道自己的思维触角应当伸向何方。单向创新完全可以通过预测的步骤，沿着一条事先完善规划的路径对一种结果进行改善；而交叉思维则可以把多个领域的概念联结在一起，生成可以在多个方向上跳跃发散的想法，为新领域的出现铺平道路。

❖ 打破传统营销模式，避免单独作战

"跨界"合作是一种市场发展的必然产物！"跨界"合作，必然会带来一种全新的、空前的用户体验，必然会让原本毫无联系的元素相互融会在一起，给品牌带来一种立体感和纵深感。一次精心策划的"跨界"合作，会让合作的各方受益无穷。

随着市场竞争的日益加剧和行业与行业之间的相互渗透与融合，"跨界"的风潮也愈演愈烈，大有发起"台风"的气势。

"跨界"代表的是一种特定生活态度和审美方式的融合，代表了新锐、时尚的生活态度，通过"跨界"合作，让原本毫不相干的元素相互渗透在一起，可以给品牌带来一种立体感和纵深感。那么，当营销遭遇"跨界"，应该如何运作呢？

采用"跨界"营销策略时，要打破传统的营销思维模式，避免单独作战，积极寻求非业内的合作伙伴，发挥出不同类别品牌的协同效应。如果把"跨界"营销比做一场晚宴，食物虽然是主角，但也不能忽视了精美的餐具。色香俱全的美食和精美别致的餐具会让晚宴更加引人入胜，一旦被食物打动，人们也会为餐具埋单！

小说《花千骨》是坐拥数以千万计读者的"古今第一虐情仙侠文"，而由其改编的电视剧更是网罗了当下最具话题的男女演员。从定妆照公布起，网络热议就不曾消退，百度指数持续走高。2015 年 7～8 月，电视剧《花千骨》开播，其持续走高的浏览量，自然也离不开"跨界"的妙用！

《花千骨》：

　　该剧改编自 fresh 果果同名小说，讲述了少女花千骨与长留上仙白子画之间的故事，是一部关于责任、成长、取舍的纯爱虐恋。

在电视剧《花千骨》开播的同时，《花千骨》系列 IP 正式涉足游戏，推出了两款产品：由天象互动开发的《花千骨》正版手游和由君游网络研发的《花千骨》正版页游。

同期，天象互动、慈文传媒、爱奇艺、湖南卫视等还在广西壮族自治区大新县靠近越南边境的一个贫困小学，共同举办了"跨界"慈善行——花千骨长留学院暑假班广西行活动。此次"跨界"慈善活动，主要目的是"手牵手助学"。赵丽颖、李纯、董春辉等《花千骨》剧组成员均来参加。

经过不断的探索与实践，《花千骨》小说由单一的线上网络小说逐渐延伸到全球范围的数字出版、图书、影视、游戏、舞台剧，以及玩偶、同款服饰等周边产品的制造。其中，每一领域衍生品的火热又重新带动了其他领域产品的销售。

当一个品牌符号需要更全面、深入地满足其目标消费人群的心理需求时，就要为品牌添加更多的文化元素和品牌意义。通过"跨界"可以让原本毫不相干的元素相互渗透，让品牌更具人性化和亲和力，更容易让目标人群对品牌产生认同感和归属感。

信息化时代，市场竞争的加剧让人的想法变得更加活跃，行业与行业之间的相互渗透融合越来越多，而行业间、品牌间、企业间的"跨界"合作也变得更加司空见惯，"跨界"合作也就成了一种市场发展的必然产物。可见，"跨界"需要的是联合，而非单独！

产品合作

选择何种企业进行"跨界"合作？一般情况下，可以从两个方面来考虑：产品合作和销售合作。采用"跨界"的模式，两个或者多个不同领域的品牌依据自身的优势，进行产品的研发，就会给消费者带来全新的生活体验和全新的概念产品。

产品合作通常体现为三种形式：

1. 产品功能互助研发合作

在产品研发过程中，有些企业会融入或者借助同行、另一行业的成功概念来实现产品功能上的"跨界"。

2007年，耐克与 苹果公司 的"跨界"合作，就是此种合作的经典。它们共同推出了创新的 Nike＋iPod 系列产品，第一次将运动与音乐结合起来。这是一套让 Nike 运动鞋与 iPod 进行"对话"的无线系统，消费者穿着 Nike 运动鞋跑步时，可以通过 iPod Nano 对运动时的速度、距离和热量消耗进行显示，直接了解锻炼情况和实时数据。这套系列产品充分满足了消费者对产品的功能需求，位于时尚前沿。

> 苹果公司：
>
> 美国的一家高科技公司。由史蒂夫·乔布斯、斯蒂夫·沃兹尼亚克和罗·韦恩三人于1976年4月1日创立并命名，总部位于加利福尼亚州的库比蒂诺。截至2014年6月，苹果公司已经连续三年成为全球市值最高的公司。在2014年世界500强排行榜中位列第15名。

2015年4月，东软集团与华晨汽车在沈阳签署了战略合作协议，双方正式宣布建立战略合作伙伴关系。双方将成立联合创新中心和应用示范基地，共同研发智能互联及电动汽车的汽车电子产品，同时为下一代新能源汽车的普及推广提供技术支撑。

据了解，双方达成的重点合作方向和领域主要包括：

（1）联合研制新一代智能车载终端（硬件系统），通过手机互联技术实现智能终端的互联互通。

（2）开发车联网产品，设计制造车载终端通信和安防中心 T－box，实现娱乐、安防、救援等功能。

（3）联合研发面向新能源汽车的电池管理系统，攻克核心关键技术。

（4）成立联合创新中心与应用示范基地，联合研发面向智能互联和电动汽车的汽车电子产品。

以车辆智能化、动力电气化、结构轻量化为核心的技术变革必然会促进相关产业实现全方位变革。东软与华晨汽车达成战略合作伙伴关系，不仅会进一步提升东软在产品工程领域的开发和竞争能力，更会加速推动汽车产业的变革与创新。

新领域和互联网的合作是巧妙的，具有一定的前瞻性。随着汽车和互联网事业的不断发展，我们相信，这种汽车融合互联网的形式也必将成为"跨界"营销的主流。

2. 商品价值属性改变

改变原有的属性后，商品可以争取到更多的用户群。如今，各种概念鞋就是基于商品价值属性改变的产品，这种改变不仅增加了鞋的文化、艺术和收藏价值等，还减少了鞋本身的穿着作用，消费者可以更多地在精神层面享受产品，而非简单地从物质层面来购买产品。

最近几年，Adidas 因工厂有毒废物排放等问题，一直受到绿色和平组织的抗议和施压。为了扭转环保负面形象，Adidas 打造了环保概念鞋。

2015 年 6 月 29 日，在联合国总部联合国气候变化会谈上，Adidas 展示了以回收海洋塑料垃圾为原料的概念鞋款。整双鞋凸显"简约风"，鞋面和中底都是白色，鞋身布满了形似波纹的绿色线条。鞋垫后跟处有一个特别的变化——通常印有 Adidas Logo 的位置，换成了 PARLEY 字样。

"PARLEY"是 Adidas 新的合作伙伴"Parley for the Oceans"的首个单词。Parley for the Oceans 是一家公益环保组织，由艺术家、设计师、音乐家和科学家组成，主要致力于阻止世界各地海洋污染。

此款概念鞋由 Adidas 与 Parley for the Oceans 合作研发，鞋面材质使用的是回收的海洋废弃物或对非法设置的深海渔网进行再加工。为了得到这些原材料，共同参与这个项目的海洋保护者协会对非法偷猎船进行了追踪，耗时110 天，收缴了非法设置的渔网，而这些渔网一直延伸到非洲西部海岸。

这款概念鞋，延续全掌 Boost 鞋底设计，将于 2016 年第一季度正式上市发售。

3. 产品设计联合开发

为了给用户带来全新的体验，有些企业通常会选择更具艺术性或者娱乐精神的另一行业领域作为合作对象，融入不同的设计元素，这方面成功合作的例子比比皆是。

近几年，各种概念化的生活方式也陆续被开发出来。

比如：美国 Pony 运动鞋与搜索引擎雅虎合作，推出了一双名为 Yahoo! FTC 的产品。鞋身采用的是翻毛皮材质，颜色为雅虎惯用的紫色，鞋舌处还有雅虎的专属 Logo，受到了年轻人的热烈追捧。

> 雅虎：
>
> 美国著名的互联网门户网站，也是 20 世纪末互联网奇迹的创造者之一。其服务包括：搜索引擎、电邮、新闻等，业务遍及 24 个国家和地区，为全球超过 5 亿的独立用户提供多元化的网络服务。同时，也是一家全球性的互联网通信、商贸和媒体公司。2015 年，雅虎已成为"全球第三大移动广告公司"。

再如，在 2004 年的巴黎车展上，奔驰展示了由乔治·阿玛尼设计并赋予个性化特色的高级特别版 CLK 敞篷跑车。这款敞篷跑车将暖砂色系的特殊油漆和高品质内部材料进行了巧妙搭配，更加豪华、动感和阳刚。除此之外，乔治·阿玛尼还对内饰、车身色彩进行了处理，对一些细节做了特别的设计，使这款车显得更加与众不同：浅砂石色的亚光车身，棕色马鞍皮革，灰色三维纺织面料的座椅，做旧处理的金属部件和散布在各处的黑色操控按钮。这样的搭配恰当地表达了他们对这款车最初的设想：高雅、精致、不容易过时，融合了阿玛尼"少即是多、注重舒适"的设计哲学。

销售合作

销售合作，通常都发生在非竞争性品牌之间，不仅可以为品牌带来资源上的互补，通过"跨界"合作进行产品销售，更能实现"1＋1＞2"的营销效果。一般情况下，销售合作也可以从两方面来考虑：一是渠道合作，二是营销合作。

"跨界"营销能为企业提供超出想象的发挥空间，成功的合作都需要无穷的创意，需要对自身产品、品牌进行深入的研究，找到恰当的结合点，满足两个合作企业的利益最大化。如果合作的另一"界"具有一些媒体特性，如果"他"与"我"可以共享消费群，如果可以从"他"的身上找到一些更具亮点的营销概念……那么，"跨界"营销合作便具备了成功的前提。

2008 年，通用汽车牵手《变形金刚》制作方，在电影大片中尽情展示了包括雪佛兰、悍马在内的几款产品。2009 年美特斯·邦威与《变形金刚》的合作，2010 年森马与《钢铁侠》的合作，已经完全突破了传统意义上的娱乐营销，真正将娱乐行业与消费品行业进行了有机结合，打破了长期以来以影片为中心、对产品进行授权的常规合作方式，使企业实现了真正意义上的"跨界"合作。

《变形金刚》：

　　历史上最成功的商业动画之一，在玩具市场和音像市场上取得了巨大的成功，20世纪80年代风靡全球，亚欧美等多个国家都兴起了一股"变形"热。

案例一：

根据相关性，电影跟某些知名APP深度合作，可以实现共赢。比如，赵薇导演的《致我们终将逝去的青春》与游戏APP《找你妹》合作推出了《找你妹致青春》。通过《找你妹》游戏特别关卡，实现了电影与手游的"跨界"合作。在制作关卡的过程中，与电影元素紧密融合——关卡人物"导演"手持打板，不仅引发了用户对青春时光的怀恋，还把游戏用户引流到电影院。

案例二：

在移动互联网时代，选择网络购票的人数正在不断增多。在线购票市场已初现"寡头统治"格局。早在2012年，美团网便推出了独立的购票客户端，即今天的猫眼电影。

借助美团的强大平台优势以及海量的用户资源，猫眼团队用量身打造的高效地推模式，迅速占领市场。资料显示，截至目前，猫眼电影已覆盖超过4000家影院；2015年的前5个月，其交易额已破50亿元。

2014年，猫眼电影开启了电影O2O预售新模式，成为电影《心花路放》、《智取威虎山》（3D）独家官方预售平台，成为国庆、贺岁档票房双冠王。

2015 年春节档，猫眼电影与成龙主演的贺岁片《天将雄师》强强联合，开展了"线上＋线下配合作战"联合发行、"看电影送茅台酒"等整合营销行动，在春节档 7 天整体票房 17.5 亿元的大背景下，整体票房贡献占比达 40%。

在 2015 年"五一"期间，猫眼电影通过大数据等手段，助力《何以笙箫默》、《左耳》、《万物生长》三部国产青春片，票房热卖。3 天假期，三部国产青春片共占"五一"大盘票房 60% 以上，而猫眼贡献的票房和出票量占比都超过 40%。不难看出，在院线和发行方面，猫眼电影的影响力已成为票房大卖的关键。

"跨界"营销能为企业提供完全超出想象的发挥空间！成功的合作都需要无穷的创意，需要对自身产品、品牌进行深入的研究，找到恰当的结合点，满足两个合作企业的利益最大化。如果合作的另一"界"具有一些媒体特性，如果"他"与"我"可以共享消费群，如果可以从"他"的身上找到一些更具亮点的营销概念……那么，"跨界"营销合作便具备了成功的前提。

此外，要想找到与企业匹配的资源，不仅需要双方在品牌、实力、营销思路等方面进行互补，还要拥有相对一致的消费群体，这个群体要有相对一致的消费观和习惯。当然，"跨界"合作还有一个不可忽视的前提，那就是：品牌之间需要是一种非竞争性关系，否则"跨界"合作就变成商业联盟了。

成功的合作方式

"跨界"合作给予企业最大的挑战是，如何在另一个与自己截然不同的行业中绽放出自己的光彩。于是，良好、顺畅的合作关系便成了"跨界"合作成功的关键！在合作中，需要注意以下三方面的问题：

1. 相互之间要充分信任

"跨界"合作各方虽然抱着共同的目的，但是在合作中不可避免地会出现一些冲突，很多失败的合作都是由于缺乏信任、缺少理解而造成的。因此，合作各方要给予彼此更多的信任，要多进行良好的沟通，多站在对方的角度思考问题；要建立一套良好的运作机制，一旦出现问题，就要积极思考、及时解决。

2. 充分关注文化差异

具有不同文化背景的公司在运作模式上会有本质的差异，比如，欧美公司在对某一次"跨界"合作成功与否的评价上，更多地会考虑利润、市场份额等直接结果；日本公司则会更加关注合作是否能够建立更加长久的战略关系等。

如果是一家娱乐、媒体类型的公司与一家产品企业的合作，则会产生感性思维方式与理性思维方式的交锋，因此必须关注彼此之间的文化背景差异，从运作机制上更多地解决由此产生的相关问题。

3. 考虑不同公司工作流程

每个公司的工作流程都是不一样的，在决策和工作习惯上也有着不同，只有充分考虑对方的流程和习惯，根据对方的流程习惯来制定合作内容和方式，才可以更好地解决这个问题，才可以更加顺畅地"跨界"！

❖通过战略修正，实现协同效应

当产品的物理属性差异渐渐抹平后，文化与品牌的比拼就会成为竞争的撒手铜。在文化层面，"跨界"也是一种非常有效的选择！

所谓协同效应，就是指企业生产、营销、管理等在不同环节、不同阶段、不同方面共同利用同一资源而产生的整体效应。协同是经营者有效利用资源的一种方式，可以使公司整体效益大于各个独立组成部分之和，这种效应经常被表述为"$1+1>2$"或"$2+2=5$"。

近年来，"跨界"概念在营销界极为流行，比如：啤酒与服装、房地产与奢侈品、可乐与音乐……这些看似风马牛不相及的产品，却通过"跨界"实现了营销双赢，得到了强强联合的品牌协同效应。这些经典的"跨界"营销，真可以说是"只有想不到，没有做不到"！

当产品的物理属性差异渐渐抹平后，文化与品牌的比拼就会成为竞争的撒手铜。在文化层面，"跨界"也是一种非常有效的选择！

在《阿凡达》热播的时候，电影之王詹姆斯·卡梅隆与影迷见面，给人们讲述了号称史上最贵的电影是如何收回成本的、一场全球范围的品牌攻坚战是怎样展开的。

《阿凡达》：

　　此科幻电影由詹姆斯·卡梅隆执导，20世纪福克斯出品，萨姆·沃辛顿、佐伊·索尔达娜和西格妮·韦弗等主演。截至2010年9月4日，以全球累计27.54亿元的票房，刷新了全球影史票房纪录。此外，该片还获得第67届金球奖最佳导演奖和最佳影片奖，第82届奥斯卡金像奖最佳艺术指导、最佳摄影和最佳视觉效果奖。

　　阿凡达的"跨界"营销故事比3D外星人本身还精彩，它将可口可乐、麦当劳、育碧、松下、LG等大公司都囊入怀中，和20世纪福克斯电影公司一起打造了这部有史以来空前规模的"跨界"大战。

　　无独有偶！

　　"爱奇艺VIP付费会员已超过500万。"当爱奇艺创始人、CEO龚宇正式对外发布这一消息时，独具慧眼的广告主——青岛啤酒发现了新的营销"金矿"，就此揭开一段酒精类饮品行业的龙头老大与网络视频行业领航者"跨界"合作的夏日恋曲。

　　2015年，青岛啤酒与爱奇艺商业定制的团队合作的微电影《穿越木星》拍摄完成。微电影讲述了这样一个故事：宇航员被木星战士俘虏后，用青岛啤酒化险为夷，展开"啤酒外交"。

　　其实，《穿越木星》微电影仅是青岛啤酒与爱奇艺合作的序曲。在整个火热的夏季，青岛啤酒通过"海上啤酒节"等活动，邀请消费者登上游轮，共赴海上派对，展开与视频媒体的深度合作。消费者可以在青岛啤酒的包装上看到爱奇艺VIP会员的Logo与二维码，扫码就有机会获得爱奇艺VIP会员资格，实现"一起欢聚一起电影"的双赢局面。

　　目前，在电影、演唱会、教育、纪录片等领域，爱奇艺VIP会员内容质量和数量均领跑行业，成为青岛啤酒视频关联营销合作伙伴的不二之选。数据显示，目前爱奇艺电影总数超 6000 部，是中国最大的在线电影片库。仅 2014 年，爱奇艺上线电影总数就达 700 部，是院线上映电影总量的 2.5 倍。这样，就助推了啤酒与视频的美满姻缘。

通过"跨界"营销，可以依据不同产业、不同产品、不同偏好的消费者之间的共性和联系，把一些原本没有任何联系的要素融合、延伸在一起，彰显出一种与众不同的生活态度、审美情趣或者价值观念，赢得目标消费者的好感，实现市场最大化和利润最大化。

战略修正是在战略执行过程中产生的实际结果与预定目标有明显差距时采取的一种战略方案的修改。如果战略执行成效与预期战略目标没有差别，就不用对战略进行修改了。

1. 战略修正的原因

战略修正的具体原因有：

（1）战略的长期稳定性与战略环境的多变性之间发生了矛盾，如果不对战略行动方案进行修正，就会严重脱离实际和偏离战略目标，带来不良后果。

（2）战略方案的制定本身就带有主观想象的成分，经过实际操作，在一定程度上背离了客观实际，一旦遇到意外情况，就不得不修正战略。

（3）在战略执行过程中，主观上产生了明显的失误，带来了巨大风险，企业必须修正战略。

（4）由于组织得力、措施得当、善于捕捉战略时机，提前完成了阶段性战略任务，也需要对战略进行修正。

2. 战略修正的类型

根据战略实施的实际结果和客观条件变化情况，战略修正主要有以下三种类型：

（1）局部性的修正。

当战略环境的某一影响因素发生局部性变化，只需要对战略全局的某一局部战略进行修正，如对企业下属某个战略经营事业单位进行战略修正。这种修正不会影响总体战略的可持续性。

（2）职能性战略修正。

这也是一种对战略全局的局部性修正。比如，当企业人员发生变化的时候，就要对人事战略进行修正，从而有效保证总体战略目标的实现。

（3）总体战略的修正。

即对总体战略的各个方面进行修正与调整。在整个战略实施过程中，战略修正既是一件严肃的事情，也一项重要的工作，必须按照一定的程序和办法来进行。

战略修正的关键在于，应按照实际情况变化和客观规律办事。能否做好战略修正工作，取决于企业发现新情况、适应新变化的战略应变能力。管理层只有具有较高的战略应变能力，才能做好战略修正。

❖传统企业触网，开拓"跨界"新思维

互联网是一个挟"用户"以令诸侯的时代，它在传统行业收费的地方免费，吸引了大量的用户。通过引导用户更好地体验消费产品，赚取了大量的利润，实现了费用承担者的转移，可以将企业的价值链延长。

"一个伟大的企业，对待成就永远都要战战兢兢，如履薄冰"，海尔集团董事局主席兼首席执行官张瑞敏说。第三次工业革命就在眼前，很多企业都在思考如何借鉴互联网的管理方式，都在担忧如何不为这次浪潮淘汰。

互联网是中小企业生存和发展的必然出路，只要找对出路，就会有意外的惊喜。如今，已经有人做出了不错的成绩，比如：雕爷牛腩——互联网玩法做餐饮。

雕爷牛腩：

　　雕爷牛腩餐厅，是中国第一家"轻奢餐"餐饮品牌，其烹饪牛腩的秘方，是向周星驰电影《食神》中的原型人物（香港食神戴龙）以500万元购买的。戴龙不仅经常为李嘉诚、何鸿燊等港澳名流提供家宴料理，还是1997年香港回归当晚的国宴行政总厨，所以他的"咖喱牛腩饭"和"金汤牛腩面"，成为无数人梦寐以求的舌尖上的巅峰享受。

淘宝平台上做到化妆品第一的阿芙精油的创始人雕爷杀入餐饮行业，创办了一家名为雕爷牛腩的餐厅，开始了他的二次创业。虽然是一个毫无餐饮行业经验的外行，雕爷牛腩开业仅两个月就实现了所在商场餐厅单位平效第一名。而且，仅凭两家店，雕爷牛腩就获得了6000万元的风险投资，风投给出的估值高达4亿元。是什么原因让一个餐饮业的外行在征服用户口味的同时，也征服了风险投资者挑剔的眼光？

"不疯魔，不成活"！尽管餐饮是个最传统的行业，但从产品定位到营销传播，雕爷都把互联网的玩法统统嫁接到了餐厅的经营当中，开始了O2O餐饮的征程。

1. 产品定位：少而精的单品数

一家好餐厅的精髓不在于菜品数的多少，而在于产品的精良和用户体验的不断优化。雕爷认为，在互联网上发个团购券，并不是真正的O2O。真正的O2O，应该是从产品定位开始的，是互联网式的。

苹果公司产品线很少，微软的核心产品只有两三个，但它们却成为了世界上最赚钱的公司。不追求多的SKU（库存量单位），但追求极致的用户体验是互联网的一种精神。围绕着这样的产品精神，雕爷牛腩只有12个SKU。

一家餐厅只有12个菜，比麦当劳的菜品还要少。刚开始创立的时候，一些美食界人士认为，这样做无异于找死，雕爷却一意孤行。之所以做这么少的SKU，是基于雕爷自己的消费体验和理论支撑：如果消费者第一次吃到某家餐厅自己比较满意，下次再来，点菜与第一次的重合率就会高达80%，这是人们潜意识路径依赖的结果。

雕爷很喜欢北京的两家餐厅，一家是鼎泰丰，另一家是大董烤鸭，但自己一年也就去三四次而已。于是，雕爷为牛腩定位的目标客户群是中产阶层，他们的消费面比较宽，几乎不会频繁地光顾一家餐厅。因此，即使SKU很少，只要每个季度更换菜单，就可以满足老客户再来所需要的新鲜感。

雕爷认为，一家好餐厅的精髓不在于菜品数的多少，而在于产品精良和用户体验的不断优化。在互联网上，产品的不断升级和优化早已经深入互联网人的意识，大到操作系统，小到手机上的APP。可是，互联网产品的优化过程往往是不断修正BUG、不断升级版本的过程。用这样的产品理念玩餐厅，玩掉的就是成本，因此更适合雕爷这种味蕾无比挑剔、做餐饮却又没有实际经验的创业者。于是，雕爷花500万元从香港食神戴龙手里买断了食神的牛腩配方，他坚持认为，在美食上，北京离香港还有"8条街的距离"。

一般情况下，网游即将上线之前都会搞个"封测"，邀请玩家来玩，找出 BUG 并修正。这一招被雕爷借鉴到餐厅中来，除了测试服务，就是优化产品。雕爷认为，一餐饭从前菜到主菜再到甜品是一个系统，每道菜都不是单独存在的，封测的过程就是要找出其中的 BUG。

在开业前，雕爷牛腩足足搞了半年封测，邀请各路明星、微博大号、美食达人免费试吃，从前菜到甜品，无一不是在众多口味中不断优化。半年的封测期，雕爷烧掉了 1000 多万元，在讲究成本控制的餐饮行业同行看来，这简直是在"胡搞"。不过，雕爷有自己的打算，在封测期，不仅解决掉了菜品的一个个 BUG ，同时也沉淀和挑选出了比较优质的供应商。

> BUG：
>
> BUG 的原意是"臭虫"或"虫子"，在计算机系统或程序中隐藏着的一些未被发现的缺陷或问题，人们也称其为"BUG"。1945 年的一天，计算机专家赫柏对 Harvard Mark II 设置好继电器进行编程，技术人员进行整机运行时，工作突然停止了。他们发现，在巨大的计算机内部，一组继电器的触点之间有一只飞蛾。显然，飞蛾是受光和热的吸引，飞到了触点上，然后被高电压击死。赫柏用胶条将飞蛾粘到了报告中，并用"BUG"来表示"一个在计算机程序里的错误"，这个说法一直沿用到今天。

而且，在互联网，好产品一般特别重视用户体验，比如：微信之所以让用户感觉用得"舒服"，主要是因为在其背后有众多工程师夜以继日地在各种小细节上"较劲儿"。雕爷牛腩吃面的碗就是雕爷在细节上较劲儿的结果：接触嘴的部分很薄，很光滑，但是其他部分厚且相对粗糙，如此喝汤时，嘴唇接触的部分就会有好的触感，但端碗时粗糙厚重会给人以安全感。在面碗

8 点半的位置开一个拇指槽，端的时候更稳固；在 1 点 20 的位置也开一个槽，可以把筷子和勺卡在那里，喝汤时筷子和勺就不会打在脸上了。

雕爷认为，诸如此类的细节决定了用户体验，因此这个成本不能省。

2. 互动：用微信维护老客户

雕爷每天都会花大量的时间盯着大众点评、微博、微信。用户只要发出对菜品和服务不满的声音，都会立刻得到回馈。

虽然开业后的火爆在预期之中，但在电商行业侵润数年的雕爷却清醒地意识到，仅有流量是毫无意义的，一招鲜，对于任何行业都不管用，餐饮是"无限改进型"行业，互联网上的优秀产品都需要积极地与用户互动并迅速改进。只有根据用户需求不断升级，不断优化产品和服务，才能有口碑和重复购买率。

雕爷认为，与用户互动并迅速接受用户建议而改进是小米手机成功的关键。因此，与用户互动并将用户的声音反向传导至餐厅的经营中，也就成了流量背后更加重要的工作。雕爷也认为，这才是 O2O 的精髓所在！

在传统餐饮中，菜单一旦制定下来就很少会改动，而雕爷认为这与互联网精神并不符。如果顾客认为某道菜不好吃，这道菜可能就会很快在菜单上消失。雕爷牛腩每个月都会更换菜单，依据就是粉丝的声音。

在阿芙精油的创业中，雕爷就在重视用户反馈中尝到了甜头。作为公司"一把手"，雕爷每天都会亲自做"客服"处理差评，对用户评价的重视使得用户反馈成为整个公司员工的"天条"，结果，阿芙在天猫的动态评分比同行高出 50%。雕爷认为，在移动互联网时代，管理根本不需要上传下达，只要亲自示范就够了。

在雕爷看来，微博是用来引爆和传播的平台，也就是做流量的工具，而微信是用来维护用户做重复购买的。比如，雕爷牛腩上新菜，会通过微信发给老用户，有图片、文字、口味描述。为了体现老用户的专属性，这个不能在微博上发。

雕爷牛腩的 VIP 卡也是建立在微信上的，用户关注雕爷牛腩的公众账号并且回答问题，通过后就能获得 VIP 身份。在雕爷牛腩有一个专门的 VIP 菜单，是不给普通用户看的。在互联网上，这种玩法已经很普遍了，比如 QQ 的一些身份特权等。

雕爷认为，每家餐厅都有自己的目标客户群，所谓众口难调，一家餐厅不可能将所有的用户都"伺候"好。因此，VIP 客户应该是自己能服务好的目标客户，需要产生重复购买。因此，申请问题都是围绕着自己的菜品特点设计的。如果是用户不喜欢的口味，就很难产生重复消费，而微信维护的效果也会大打折扣。

3. 营销推广：用微博引爆流量

一方面是微博的高关注度，另一方面是封测期不让普通用户进入，这种神秘感引发的消费欲望在开业后爆发。

互联网经济的核心是流量经济，有了流量便有了一切。在电商行业，有了流量还要有重复购买率。雕爷认为，开餐厅的逻辑也是一样的！

目前，雕爷牛腩的两家餐厅开在北京朝阳大悦城和北京颐堤港。前者是成熟的商圈，后者还在培育期。可是，两家店都是商场餐饮层较偏的位置。为了引来流量，雕爷引爆了微博。此时，封测的另一个价值就体现出来了：传播价值。

餐厅玩封测，流量的效果几乎在雕爷的预料之中。这一灵感来自于 Face book。在 Face book 刚刚创业的时候，没有哈佛大学后缀的邮箱根本不让注册。可是，人们都有这样的心理——越不让注册越有神秘感，因此，当时所有常青藤大学的学生都拼命想挤进去看看；等 Face book 在常青藤大学开放的时候，很多不是常青藤大学的学生也都想挤进来，于是扎克伯格轻易获得了最初的成功。

在雕爷牛腩的封测期，只有受邀请的人才能来吃。受了邀请的，往往会发微博或者微信说说自己的消费体验，既然受邀请，吃别人的嘴短，吃了又不说好的是少之又少的。于是，各路明星、达人、微博大号们纷纷在微博上帮着吆喝，最初的传播效果就有了。

开业前夕，雕爷牛腩又利用微博玩了把大的，比如，邀请苍井空到店，被微博大号留几手"偶遇"并发微博。苍井空自己在微博上证实之后又引发了网友4.5万次转发，成了当天微博热门话题。

雕爷知道，互联网最有意思的是粉丝文化，往往某个产品做得不错时就会形成"死忠"，一个产品越有人骂，"死忠"就越坚强。小米手机从诞生第一天开始就不停有人骂，而米粉们总是奋起反击。一旦有了一定量的粉丝，那些提出批评的人就容易与粉丝形成骂战，骂战的结果就是流量大涨、产品大卖。苹果、小米手机已经证明了这一点。雕爷牛腩在微博传播过程中也培养了一些忠实的粉丝。

一切与网络相关的困惑，都需要用互联网思维来解答。一个个商业神话的出现刺激着传统企业的神经，众多企业对互联网思维进行了不断的探索。但是，在向互联网靠拢时，有些传统企业总是隔着一层纱，无法掌握要点，其原因正是没有领会互联网思维。

流量思维：羊毛并非都出在羊身上

免费是互联网企业与传统企业竞争的撒手锏，作为用户超过 6 亿人次的移动社交工具微信，只要使用者有流量或 Wi-Fi，就可以免费发短信、发照片。但是，互联网企业真的有这么大公无私吗？

微信虽然不收取通信费，但是那些每天离不开微信的人，对腾讯来说就是巨大的用户群。于是，腾讯公司出手了：在微信里推广游戏、推荐游戏商品。玩游戏的用户购买游戏装备，就能让腾讯挣到比收通信费还要多的钱。

其实，互联网时代是一个挟"用户"以令诸侯的时代，它们在传统行业收费的地方免费，吸引了大量的用户。然后引导用户更好地体验消费产品，从而赚取利润，实现费用承担者的转移，将企业的价值链延长。

2014 年，中国国际信息通信展览会上，苏宁电器大放异彩，10 月 2 日推出了"重阳节电话免费打"活动：苏宁的互联用户办理互联 170 手机卡，在当天上午 9：09~10：09 可享受 1 小时免费通话。

> 苏宁：
>
> 苏宁创办于 1990 年 12 月 26 日，是中国商业企业的领先者，经营商品涵盖传统家电、消费电子、百货、日用品、图书、虚拟产品等综合品类，线下实体门店 1600 多家，线上苏宁易购位居国内 B2C 前三。2014 年 10 月 26 日，中国民营 500 强发布，苏宁以 2798.13 亿元的营业收入和综合实力名列第一。

其实，苏宁电器正是采用了互联网企业的惯用"伎俩"——免费，将用户吸引了过来，关注苏宁互联，客流量足够大了，生意自然就容易做了。这种免费策略采用的就是流量思维，给用户创造了价值。这个不起眼的点着实触动了用户的神经，目前苏宁互联用户已近 10 万人，在虚拟运营商中名列前茅。

大数据思维：有人比你更了解你

许多人都有过这样的经历：一旦你在某个网上商城搜索了某件商品，之后无论你上新闻网站、社交网站，还是视频网站，网页上经常会出现该类商品的广告。不少人觉得"很贴心"，也有不少人惊呼"很可怕"。为什么这些网站如此清楚你的需要呢？

其中的奥妙就在于 大数据 ！大数据从哪里来？

大数据：

根据维基百科的定义，大数据是指无法在可承受的时间范围内用常规软件工具进行捕捉、管理和处理的数据集合。大数据技术的战略意义不在于掌握庞大的数据信息，而在于对这些含有意义的数据进行专业化处理。如果把大数据比作一种产业，那么这种产业实现盈利的关键，在于提高对数据的"加工能力"。

比如，我们现在用的智能手机、智能 IT 产品，都是大数据的来源渠道。"大数据"并不仅仅指数据本身，还是一种用分析数据支持更为准确的决策的能力。通过从网络上获取、搜集用户的信息，经过分类后，就会形成大数据。经过数据分析后，上网者的浏览、活动、分享等信息都可以被追踪，商家可以轻易了解到上网者的上网需求和潜在的购买需求。

互联网公司在做其他行业的时候，首先掌握的便是用户数据，这些数据可以帮助它们更好地做出决策。淘宝、天猫、京东等形形色色的电商平台上的商品便成为数据化了的现实物品。

一件实物一分钟售出多少，它的点击量、订单量都可以用清晰准确的数字表示出来；美团、糯米、聚划算等团购网站的各类信息也成为数据化形式的服务，例如：好评率、差评率、服务评分都以数据化的形式呈现，为用户提供精准的数据分析；微博的转发也成了数据化的传播。当然，大数据的价值远不在于收集数据，而在于对数据的深挖，实现精准化经营，将数据资产转变成企业的核心竞争力。

过去，在企业管理方面经常被提及的一句话是"拿数字说话"，现在很多企业都整合了数据资源，通过这些大数据创造商业价值，让数据资产逐渐成为核心竞争力。马云曾公开宣称"平台、数据、金融"是阿里集团未来的指导路线，阿里数据平台事业部服务器上攒下了超过100PB已"清洗"的数据。基于用户的浏览和购买历史，阿里巴巴不断丰富着自己对用户的画像，得到了用户偏好的精确信息，成为集团利润的一个基点。

"跨界"思维：小快鱼拯救大慢鱼

如今，做电子商务的阿里巴巴做起了金融、卖起了保险，做视频网站的乐视卖起了电视，卖彩电的长虹也玩起了互联网，软件公司越来越"硬"，而硬件公司越来越"软"。与互联网相关的"跨界"却是热火朝天！就连一向"高大上"的房地产企业，在遭遇市场不景气后，也想到了向互联网求救。

2014 年 8 月 25 日，万科与淘宝联合宣布，用户在淘宝消费的全年账单可以在购买万科指定楼盘时抵扣等额购房款，这是万科第一次与互联网"跨界"。尝到了甜头后，万科紧接着宣布与链家地产达成战略合作，实现线上查询房源、线下签约。

无独有偶，同样"高大上"的金融行业，也不得不向互联网示好。

余额宝掀起了一场互联网金融革命，作为一款"比存款更高息，比基金更方便"的新兴理财工具，余额宝对传统金融业务造成了不小的冲击。余额宝问世后不久，各大银行便推出了各自的"宝"产品，让长期被银行忽视的"草根"需求得到极大释放。

2014 年 9 月 22 日，广发银行与百度公司"联姻"：广发银行借助百度的 LBS（基于位置的服务）定位和大数据分析技术，为银行提供网点、小企业中心、ATM 和 VTM 等选址分析服务，并向广发银行的客户提供理财产品推介、风险能力评估等个性化服务。而对百度来说，可以借助广发银行的影响力开始拓展金融业务。

数据显示，2014 年有至少 26 家上市公司即将或者已踏入了互联网金融行业。互联网发展使"跨界"成为一种普遍现象。不同行业合作、融合在一起产生了新的生产力，高效率的互联网企业改造低效率的传统行业，"跨界"整合给两个行业共同带来了利润点！

第二章　领悟"跨界"精髓，
遵循"跨界"原则

◈ 理念一致，内在的契合胜于外在的联合

"跨界"营销并不是两家企业走到一起，做一次联合促销那么简单，不仅要考虑两个品牌的受众群是否重合度高，还要考虑两个品牌是否属于一个梯队，门当户对，更要考虑两个品牌内在属性上是否有着一致的调性。

企业理念是企业在持续经营和长期发展过程中，继承企业优良传统，适应时代要求，由企业家积极倡导，全体员工自觉实践，形成的代表企业信念、激发企业活力、推动企业生产经营的团体精神和行为规范。在"跨界"的时候，寻找的合作方要理念一致，因为内在的契合要远甚于外在的联合。

如今，看好电商渠道的传统企业不断增多，国内最大的名酒代理商与最大的酒类电商结盟，从侧面显示出，在继传统白酒企业纷纷"触网"之后，该领域的传统流通企业也在加大在线市场的布局。

2015 年 6 月 3 日，酒仙网 与中粮名庄荟首度联合，在酒仙网电商平台正式发布了由中粮名庄荟引进的罗思柴尔德男爵旗下明星产品——木桐嘉棣夏纳电影节版葡萄酒。双方联合宣布，中粮名庄荟将选择酒仙网作为独家网络平台销售木桐嘉棣夏纳电影节版葡萄酒。

据了解，本次推出的"木桐嘉棣夏纳电影节版葡萄酒"是夏纳电影节官方开闭幕晚宴等官方场合唯一指定的明星专用酒。作为夏纳国际电影节最重要的伙伴之一，木桐嘉棣与夏纳电影节传奇相伴 24 年。

> 酒仙网：
>
> 中国最大的酒类电子商务综合服务公司，主要从事国际国内知名品牌、地方畅销品牌以及进口优秀品牌等酒类商品线上零售，为酒企提供电子商务综合服务，经营范围包括白酒、葡萄酒、洋酒、保健酒、啤酒等。经过 6 年的高速发展，酒仙网已成为中国最大的酒类电子商务综合服务公司，赢得了众多专业投资机构的青睐。

2015 年，在木桐嘉棣 85 周年之际，为了进一步打开中国市场，罗思柴尔德男爵选择了酒仙网与中粮名庄荟在中国独家发布木桐嘉棣夏纳电影节版系列酒。

众所周知，木桐酒庄驰名全球的主要因素之一就是其炉火纯青的葡萄酒调配技术。酒庄所属的罗思柴尔德男爵公司融合了波尔多地区最优良的酿酒传统、专业的酿酒团队和最尖端的酿造技术，使木桐酒庄不仅生产出了满足不同市场所需的葡萄酒，还用技巧和决心把大自然赋予人们的礼物转化成了一件件艺术品和欢乐的源泉。

木桐嘉棣戛纳电影节限量版在酒仙网上线售卖，是酒行业两大企业的首度联合，也为酒类新品发售带来了创新的推广方向。作为中国最大的酒类电商酒仙网，与世界500强中粮集团倾情打造的进口酒专卖店渠道品牌中粮名庄荟强强结盟，必然会共同推动国际顶尖名酒品牌在中国的发展。

"跨界"营销并不是两家企业走到一起，做一次联合促销那么简单，不仅要考虑两个品牌的受众群是否重合度高，还要考虑两个品牌是否属于一个梯队、门当户对，更要考虑两个品牌内在属性上是否有着一致的调性。两家风马牛不相及的企业搞促销，彼此的购买频次不匹配，顾客通常是很难搭上这个便车的，更不会为了这点小利去冲动购物。

2015年3月，西安未央路 红星美凯龙 携手国美中奥健身中心在西安塞瑞喜来登酒店公开举行签约仪式，这是西安未央路红星美凯龙首度对外发布"跨界新势力"的商业蓝图，标志着其将进一步扩张家具、建材卖场的"跨界"新势力。

> 红星美凯龙：
>
> 　　中国家居业的著名品牌，连续5年跻身中国民营企业500强前50位。已在北京、上海、广州、深圳等110多个城市开办了150家商场。2007年荣获"国内影响力品牌领袖大奖"、"家居家装行业影响力品牌领袖大奖"等。2008年销售总额突破235亿元，成为中国家居业第一品牌。

对于西安未央路红星美凯龙而言，本次签约最大的亮点就是引进国美电器，这是目前为数不多却又极其有效的合作方式。此次携手合作，可以有力加强"家具建材后消费"，将西安未央路红星美凯龙的老顾客转化为国美电器的新消费群体。通过两个国内行业强者品牌的合作，西安未央路红星美凯龙将成为关中地区建材、家具、家电一站式购物的第一地标。

同年5月下旬开业的中奥健身中心位于龙首商场五层（顶层）东区，建筑面积2700平方米，各项目设施齐全，为周边市民提供了一个优美、便捷的休闲娱乐场所。

此次签约，不仅体现了团队对消费者需求的细致洞察和未来消费趋势的精准把握，还正式拉开了西安未央路红星美凯龙打造"跨界新势力"的序幕。

随着市场竞争的日益加剧，行业与行业之间相互渗透，已经很难清楚地界定一个企业或者一个品牌的"属性"，"跨界"的风潮愈演愈烈。对于还没有走上"跨界"道路的企业来说，攻守都是艰难的！

"跨界"合作对于品牌的最大益处就在于，可以让原本毫不相干的元素相互融合在一起，从而给品牌一种立体感和纵深感。可以建立"跨界"关系的不同品牌，在理念上定然是一致的！

根据营销学中的"跨界营销"理论，每一个优秀的品牌，都能比较准确地体现出目标消费者的某种特征，但因为特征单一，往往受外界因素的影响也较多，尤其是当出现类似的竞争品牌时，这种外部因素的干扰更为明显。"跨界"营销能否打动消费者，关键在于两个品牌的理念是否一致，而并不是简单地让两家企业做次联合促销那么简单！

❖ 实现"1+1>2"，资源匹配才是真

可以建立"跨界"关系的不同品牌，一定是互补性而非竞争性的品牌。

这里所说的互补，并非功能上的互补，而是用户体验上的互补。大多数时候，"跨界"营销是由一方主动采取行为，向潜在的"跨界"营销合作伙伴抛出绣球，试探对方的合作意向。

关于婚姻，有这样一种说法：婚姻的本质是一场合作！只要是合作，就存在资源匹配的问题，飞得太快，就会把对方甩掉；飞得太慢，就会被对方甩掉。为什么农村的婚姻如此稳固？因为夫妻俩都没进步，基本一辈子都处于同一水平线上。越是天才，越是企业家，越是明星，越容易离婚，不是因为他们变心了，而是因为一方飞得太快，对方跟不上步伐……如此，离婚也就成了必然！

同样，为了实现"1+1＞2"的效果，也需要资源匹配！所谓资源匹配，指的是两个不同品牌的企业在进行"跨界"营销时，在品牌、实力、营销思路和能力、企业战略、消费群体、市场地位等方面应该有的共性和对等性。只有具备这种共性和对等性，"跨界"营销才能发挥出巨大的协同效应。

如今，营销者对于"跨界"营销都非常重视。越来越多的品牌都开始借助"跨界"营销，寻求强强联合的品牌协同效应。李光斗先生在南方报业传媒集团主办的"2007年度中国十大营销盛典"上说道："跨界"营销最主要是要像婚姻一样门当户对，寻求强强联合，这样才能使"跨界"营销"1+1＞2"获得双赢，否则会给双方带来无尽的痛苦！

李光斗：

　　李光斗毕业于复旦大学新闻学院，任复旦大学研究生会副主席，曾代表中国大学生参加在新加坡举行的亚洲大专辩论会，荣获冠军。荣获中国策划业杰出功勋奖，被评为影响中国营销进程的风云人物。

其实,"跨界"合作在麦当劳所在的快消品领域并不陌生。饮料巨头可口可乐就不止一次使用过这种手段,它与九城《魔兽世界》的合作一度成为"跨界"营销的经典案例,主要原因就在于,其消费群体都是"年轻"、"新锐"、追求体验的一族,其特征消费群在年龄、职业、心态和消费习惯上都十分吻合,于是便形成了"1+1>2"的共鸣。

可以建立"跨界"关系的不同品牌,一定是互补性而非竞争性品牌。这里所说的互补,并非功能上的互补,而是用户体验上的互补。

2015年3月,京东和麦当劳拍手合作,两个似乎不相干的企业走在了一起。京东另辟蹊径,首当其冲地采用和线下企业合作的方式推送APP。它们在全国启动了一场联合营销,受众只要通过京东手机APP和"网银+"购买麦当劳产品,就可以获得优惠,此举对于"吃货"们是一大福音。

京东与麦当劳的联合促销的核心是梯度式优惠,针对麦当劳的特定套餐,消费者使用京东手机客户端下单,可以立减5元;使用"网银+"支付,可以再减5元;消费者如果同时使用京东APP和"网银+",每款套餐就可以节省10元。

低价、优惠是拉动用户关注度和销量的利器。双方的合作从套餐价格直降入手,贯穿始终、随处可见的"Give me ¥5"直接告诉消费者参加活动即可节省的金额,形式直观。对于京东来说,通过这种方式,可以借助麦当劳遍布全国的门店,带来手机客户端和"网银+"的绑定;对于麦当劳来说,通过优惠的价格则可以拉动套餐的销量,提升到店用餐的客流量。

"跨界"营销虽然是不同行业的企业合作,但一般都有共同的基础,要么是用户群类似,要么是品牌有共通点。京东和麦当劳的这个"跨界",在于这两个公司品牌有相似点。麦当劳在全球的品牌宣言为"我就喜欢(I'm lovin' it)",倡导真我个性,鼓励人们积极自信地面对生活。在中国,麦当劳倡导：都市年轻人在为实现自我价值而努力奋斗的同时，不要忘记"为快乐腾一点空间"，享受轻松而简单的快乐。京东则一致坚持为用户提供简单、快乐的购物生活，其品牌宣言是"为每一点喜悦（Make Joy Happen）"。通过这次联合活动，两者以直接的优惠给消费者带来了便捷和快乐，也给双方的品牌加了分。

在"互联网＋"的大背景下，传统企业与互联网企业的结合愈加紧密，这次联合营销也是一次线上与线下结合的营销尝试。一般意义上，都是线下企业用线上营销，京东则反其道而行之，和线下企业玩"跨界"，利用线下的流量推广APP。

京东借势麦当劳推广其手机客户端和"网银＋"，是在移动电商大发展的背景之下，显示出京东对于移动端的布局加速。同时，这次活动也显示出京东对于发展自有支付工具的重视。对于麦当劳来说，这也是一次触网的良机。京东的用户群比较庞大，都是品质比较高的群体，通过联合营销，麦当劳的产品和品牌也会借助京东的渠道进行曝光，提升认知度。

京东与麦当劳，一个电商企业，一个餐饮企业，玩了一把"跨界"，这启示我们，好的"跨界"营销一定要实现"1＋1＞2"的效果，资源匹配才是王道！

大多数时候，"跨界"营销是由一方主动采取行为，向潜在的"跨界"营销合作伙伴抛出绣球，试探对方的合作意向。如果合作伙伴选择得好，合作方式恰当，回报有足够的吸引力，双方就会合作。但是，"跨界"营销最大的难处恰恰就在于合作伙伴的选择与合作方式和回报的谈判。

"跨界"合作伙伴的选择，总是讲究门当户对，讲究资源的匹配。小品牌可以高攀，但必须付出巨大的代价，即便如此，大品牌也未必同意合作。与一个跟自己地位和形象不匹配的小品牌合作，大品牌会担心自己的品牌受损。只有极少数大品牌管理者才会放下身价，愿意与小品牌合作，双方合作的基础，则是彼此的资源需求匹配，并且需求的呼应要恰逢其时。

企业的成长是一个动态的过程，在不同的成长时期、不同的品牌发展阶段、不同的阶段工作目标，企业会有不同的需求。如果双方的需求不同步，甲方想通过"跨界"合作与乙方共享渠道资源，乙方的目的却是为了开发新产品，此时，无论甲方抛出的合作条件多么有吸引力，乙方都不会答应合作。

1. 选择"跨界"营销伙伴并非易事

选择"跨界"营销伙伴并不是一件容易的事情，需要付出很多。我们以创维与华帝的联姻为例来说明这个问题。

创维、华帝在城镇市场已开发多年，提升空间有限，都迫切希望开拓农村市场，但如果单靠自己的力量去开拓农村市场，需要付出非常高的成本，获利也不一定有保证，因此，最好的办法就是创维、华帝共享彼此的渠道，丰富单一店面的产品线，减少经营风险。

可是，拥有农村市场渠道网络资源的企业，又何止创维和华帝两家？TCL有，格力有，美的也有，并且它们拥有的经销商、专卖店资源比创维和华帝更多，为什么携手的偏偏是创维和华帝？因为有了好的合作时机、方式，并不会让双方的接触轻松太多。"跨界"营销从无到有，其中一方主动提出要求，向几个潜在的合作伙伴发出合作邀约，甚至主动拜访，像广告公司一样兜售自己的合作思路，遭到拒绝的可能性是相当大的！

2. 掌握好"跨界"营销"双赢"的分寸

越是大品牌，公司治理会越规范。在大企业里，营销部门每个人的工作职责和业绩考评被限制得很死，大家都想着各扫门前雪，不关自己的事情，"做好了没奖励，做差了遭批评"的事情，员工都会本能地往外推，不闻不问。所以，如果将合作邀约的对象找错了，没有找到具有决定权的管理者，而是找到了普通事务主管，邀约函很快会被当作废纸丢到垃圾篓里。

想要迅速并且成功地达成合作意向，必须在第一时间找到潜在"跨界"营销伙伴的管理者。大多数"跨界"营销能一拍即合并进展顺利，主要就是因为"跨界"营销双方的管理者有着很好的私交，企业高层一旦形成共识，合作就会被当作工作任务分配下去，执行便成了顺理成章的事情。比如，TCL冰箱与农夫山泉的"零距离体验"，就是因为双方的高层相当熟悉，了解彼此的长处，然后在偶然的场合才碰撞出合作的火花。

零距离体验：

　　所谓"零距离体验"，就是TCL在各大卖场将农夫山泉的饮料真物置于TCL冰箱中冰镇。消费者选购时，打开冰箱样机即可一饮为快，亲身体验TCL冰箱的数字保鲜功能。双方之所以采取这种"异业联合"的方式，主要是因为两类产品的互补性强，消费者可同时零距离体验两类产品，有利于促进各自的销售。

3. 如何选择合适的合作对象

尽管说，"跨界"营销的性价比非常高，但是"跨界"营销也是有一定的操作难度的。比如，"跨界"营销对商务合作的能力有一定要求，需要寻找匹配的合作对象，这一步在很大程度上决定着"跨界"营销的效果和成败，可以说是"跨界"营销最为重要的一环。很多失败的"跨界"营销，原因就在于找错了合作对象。

那么，什么样的对象才是合适的合作选择呢？可以从下面几个维度考虑，来寻找合适的合作对象。

（1）有足够的覆盖人群。

合作对象的用户基数一定要足够大，不能太小众，这个条件是合作的基础条件。这个条件达不到，就不要合作。至于用户基数多大才算是足够大，取决于自己所预期的目标以及自身产品的用户数量，正常情况下，不能低于自身产品的用户数量。

（2）用户差异化。

所谓用户差异化，就是指双方的用户不能重合，可以有少量的重合，但是不能重合度过高。营销活动的目的是为了开拓新用户，如果双方的用户重合了，就无法交换了。

这一点，理解起来非常容易，但是在操作上却异常困难，因为鉴别用户群体是一个非常有难度、有科技含量的事情。很多大公司之间的"跨界"合作失败，就是忽略了这一步，仅从主观上判断双方的用户是否具备差异化，结果判断错误，合作失败。

（3）利益共等。

既然是合作，就需要共赢。双方要通过"跨界"合作，带来大小一致的利益，要能够各取所需。在确定合作之前，首先要考虑的是，能否给双方带来足够大的好处；如果合作仅能给自己带来非常大的利益，而给对方的利益非常小，就不要考虑这个对象了。

（4）用户契合度高。

用户契合度高，是指双方的用户群刚好是对方需要的用户或者潜在用户。例如，经常在网上看视频的用户，绝大部分会去吃方便面；经常吃方便面的人，很大程度上会去看网络视频。这样，双方才有合作的可能。

（5）能够资源交换。

之所以采取"跨界"合作这种资源互换性质的营销方法，目的之一就是降低营销费用。如果双方采取"跨界"营销的方式，还要花费大量的费用，就完全没有必要采取这种方法了。双方合作要么是用户换用户，要么是产品换用户，中间不应牵扯费用问题。

只有符合上述几个条件的对象，才是合适的合作对象。和这样的对象合作，才能够起到预期的作用，达到共赢的目的。而且，符合上述条件的用户，也乐意和自己达成合作，因为双方的利益完全一致，对他们来说，找他们谈合作，就相当于送免费利益上门。

❖ "英雄配好剑"，让品牌效应叠加

只要找到恰当的结合点，就会满足合作企业的利益最大化。如果合作的另一"界"具有一些媒体特性，如果可以与对方共享消费群，如果可以从对方身上找到一些更具亮点的营销概念……那么，"跨界"营销合作便具备了成功的前提！

俗话说得好，好剑配英雄，好马配好鞍！"跨界"的重要作用就是品牌效应的叠加！所谓品牌效应叠加，就是两个品牌在优劣势上进行相互补充，将各自已经确立的市场人气和品牌内蕴互相转移到对方品牌身上；或者互相累加传播效应，丰富品牌的内涵，提升品牌整体影响力。

随着消费者对商品整体化的意识越来越高，一些品牌企业通过"跨界"

资源整合形成了"叠加效应"。各联盟品牌之间不存在直接竞争关系，却因为有着共同的目标受众可以相辅相成，于是有着共同目标受众的品牌达成了战略合作关系，在品牌比附、传播影响、优质客户开发、业务延伸上都占得先机。

品牌联盟的目的是将两个以上的品牌加在一起，使其效果达到最好。企业既可以通过品牌联盟开发新产品，也可以为两个或多个产品共同举办促销活动。

2015 年 2 月，魅族科技牵手海尔公司，宣布双方全面开启合作。魅族表示，未来双方将在智能家居、物流仓储和金融服务等方面展开深度合作。

> 魅族科技：
>
> 　　智能手机厂商魅族科技有限公司的简称，成立于 2003 年 3 月，是一家国内知名智能手机厂商，总部在中国广东省珠海市。公司致力于向消费者提供国际一流性能和品质的电子产品，并立足于中高端市场。魅族 MX 系列是国产智能手机创新精品，主要产品有魅族 MX5、魅族 MX4 Pro、魅族 MX4、魅蓝 note2、魅蓝 2、魅族 MX3 手机。

在发布会上，魅族表明将会联合海尔 U + 的 SDK 来开发 Flyme 系统内置的应用 LifeKit，未来通过平台对接将共同完善智慧生态圈。

海尔此次和魅族的合作主要是通过集团旗下的小微公司海尔 U – Home、日日顺物流、海尔云贷，其中，海尔 U – Home 是一个开放体系，各类商家都可以加入。

不可否认，家电企业"跨界"合作已成为一种趋势。从目前合作情况来看，家电企业找到的手机合作对象，互相之间也是竞争对手，包括小米与魅族、小米与360。但笔者认为，家电企业与手机公司之间的合作，并非只是为了在市场上应对竞争对手，更多的是合作双方的优势互补。海尔与魅族合作，魅族可以大大丰富自己的渠道，而海尔也可增加自己的产品卖点。

手机市场及家电市场原本竞争就激烈，虽然合作并非针对竞争对手，但不可否认的是，家电厂商与手机公司联姻，或将使竞争更激烈。成功的合作需要无穷的创意，需要对自身产品、品牌进行深入的研究，只有找到恰当的结合点，才能满足合作企业的利益最大化。如果合作的另一"界"具有一些媒体特性，如果可以与对方共享消费群，如果可以从对方身上找到一些更具亮点的营销概念……那么，"跨界"营销合作便具备了成功的前提！

每一个品牌都诠释着一种文化或者一种方式、理念，是目标消费群体个性体现的一个组成部分。但是，这种品牌特征单一，同时由于竞争品牌和外界因素的干扰，品牌对于文化或者方式、理念的诠释效果就会减弱，而通过"跨界"营销就可以有效避免这样的问题，如我们常说的"英雄配好剑"这句话的道理一样！

2015年3月2日，全球最具规模和影响的通信领域盛会——世界移动通信大会（MWC）在西班牙巴塞罗那拉开帷幕。作为个人电脑领域全球排名第一、智能手机与企业级业务全球双双排名第三的"科技全能王"，联想集团携多款明星产品参展，其中全新发布的首款智能手机与相机"跨界"的产品VIBEShot成为全场焦点。

作为联想首款智能手机与相机"跨界"的产品，VIBEShot无疑是参展产品中最耀眼的明星。VIBEShot采用完整卡片相机的设计风格，金属中框和前后双大猩猩3代玻璃的高端感官设计，带来专业相机的握持感，配合丰富的周边配件，为用户提供极致的拍照体验。

除了出众的外观设计，VIBEShot还搭载业界首款1600W像素OIS光学防抖镜头、业界最大16∶9全幅感光元件和全球首款三色温闪光灯，并配备专业级6片玻璃镜组与昂贵的蓝宝石镜头玻璃，采用业界最佳防污特制镜片，可以保证暗光环境里的最佳拍照效果。

如果将"英雄"和"好剑"视为两个不同的品牌，那么"英雄"只有配上"好剑"才能体现出"英雄"的英武；而"好剑"只有被"英雄"所用，才能将自己的威力淋漓尽致地发挥出来。也只有这样，两者才能互相衬托，相得益彰，发挥各自的效果。反之，则不会起到这样的效果，只是在浪费各自的价值。

寻找资源能够匹配的企业，不仅需要双方在品牌、实力、营销思路等方面具有一定共性，需要有近似的品牌价值理念，还要能够获得品牌效应的叠加，两个品牌能够在优劣势上进行互补。

❖ 大品牌带动小品牌，消费群体要一致

每个品牌都有一定的消费群体，每个品牌都在准确地定位目标消费群体的特征，作为跨界营销的实施品牌或合作企业，由于所处行业的不同、品牌的不同、产品的不同，要想使跨界营销得以实施，就要求双方企业或者品牌必须具备一致或者重复的消费群体。

"大品牌"带动"小品牌"，"小品牌"反过来也会增强"大品牌"的竞争力！要想通过"跨界"来让大品牌带动自己的发展，首先两者就要在消费群体上保持一致。

2014 年 4 月，咖啡陪你与招商银行的"跨界"合作让"咖啡银行"火了一把。这种对消费者在银行排队等位的碎片化时间的巧妙利用，让零售店铺经营者看到了门店挖潜的另一种可能性。

可是，虽然咖啡陪你博了个满堂彩，但"咖啡银行"真正的先驱却是 太平洋咖啡 。作为华润万家旗下唯一的餐饮业态，太平洋咖啡早在 2012 年便与华润银行合作尝试了"咖啡银行"。除此之外，太平洋咖啡还与医院"跨界"合作过"医院咖啡"，也获得了良好的效果。

太平洋咖啡与上海仁济医院合作的"医院咖啡"，面积只有 40 平方米，一天的销售额却高达 15000 元。从投入产出比来算，可谓太平洋咖啡"第一店"。

太平洋咖啡：

　　中国香港、澳门一个连锁美式咖啡店品牌，在香港是最大的咖啡连锁店之一。公司的宗旨为 The perfect cup，意思即为顾客提供一杯完美的咖啡，让顾客于舒适的环境下享受完美的咖啡乐趣。2011 年 4 月，在上海开设内地第一间咖啡店。

那么，太平洋咖啡是如何玩转"跨界"经营的？低调耕耘这些年，太平洋咖啡究竟做了哪些事？其实上，早在 2012 年，太平洋咖啡便和华润银行开始了合作，在银行营业厅一侧设立咖啡馆。顾客在办理银行业务的同时，可以移步到另一边的太平洋咖啡，翻看杂志、图书，上网冲浪，品尝现磨咖啡，或小坐休憩，或与私人财富顾问如朋友般畅谈投资理财计划，或与咖啡师闲聊品尝心得。

咖啡与银行的合作，首先是网点与客流的共享。银行可以将部分排队等候区的位置分配给咖啡馆，甚至可以将银行 VIP 室设在咖啡馆，增加对高端客户的高品质服务和黏合度。与此同时，银行客户与咖啡店受众有着较高的重合度，咖啡店充分利用了客户在银行排队等位这一段碎片化的时间来进行消费。

咖啡与银行的合作，其次是营销活动的相互联动与资源整合。比如，银行在向客户推送信息的时候可以附带咖啡的一些促销信息；或者在银行办理信用卡，可以享受某一款优惠的咖啡饮品。这种异业联盟的营销组合让双方受益。

与银行的合作只是牛刀小试，真正让太平洋咖啡尝到甜头的是与医院的"跨界"合作。在中国香港，太平洋咖啡就有与香港伊丽莎白医院合作的先例。2014 年，太平洋咖啡与上海仁济医院进行合作，在仁济医院门诊大厅开设了一间 40 平方米的"医院咖啡"。正因为有了之前的成功经验，太平洋咖啡与北京大学国际医院合作，开设了一家 200 多平方米的"医院咖啡"。

为什么在医院开咖啡馆能够"火"？概括起来主要有这样几个原因：首先，到医院看病的人对钱相对看得比较淡，他们更需要的是干净、健康的餐饮；其次，病人一般都是有人陪同前去的，咖啡店正好给这些陪同人员提供了一个栖身之所；最后，医生和护士也是咖啡的有效客群。太平洋咖啡的"跨界"实验再次证明了"跨界"营销理论的科学性，比如消费群体的一致性等。

每个品牌都有一定的消费群体，每个品牌都在准确地定位目标消费群体的特征，作为跨界营销的实施品牌或合作企业，由于所处行业的不同、品牌的不同、产品的不同，要想使跨界营销得以实施，就要求双方企业或者品牌必须具备一致或者重复的消费群体。

2015 年 8 月 16 日，由东风雪铁龙 C3 - XR 主冠的 2015 土豆映像节 在上海世博公园正式拉开帷幕，主打"自由我精彩"的 C3 - XR 和"自由导演生活"的土豆映像节碰撞到了一起，给沪上带来一场线上、线下整合的青年文化盛事。

土豆映像节：

　　国内优质互联网原创影像的汇集平台和扶持基地，2008 年由土豆网在浙江德清莫干山创办。网民所熟知的《网瘾战争》、《李献计历险记》、《打个大西瓜》等作品及"筷子兄弟"等优秀作者均是在这一平台涌现。

自创办至今，土豆映像节已经积累了 7 年的青年人文化活动品牌，成了土豆一年一度的重磅活动。2015 土豆映像节，在颇具个性和特色的上海世博园区，更是升级成了一场关于影像、音乐、动漫、潮流、创想、生活家的自频道狂欢，吸引了超过 5 万人次观众来到现场。

此次合作，东风雪铁龙实现了进一步开拓年轻市场、与年轻人面对面地沟通交流，让品牌真正成为年轻文化的引领者，让品牌的年轻化态度得到了更大的拓展。此次活动上，最重磅的环节要属东风雪铁龙携手土豆映像节、NPC 共同发布的 C3 - XR 个性定制方案，三者合力推出了一款全新概念汽车——C3 - XR 自由炫彩版。新车的内饰和外部装饰由土豆映像节和 NPC 共同完成，NPC 首席设计师把其精神理念与东风雪铁龙 C3 - XR 相结合，贯穿整个车体。

在 2015 土豆映像节中展开的新鲜好玩的"跨界"合作，不仅体现了东风雪铁龙 C3 - XR 对当下年轻人群真实需求的洞察，同时也有力诠释了 C3 -

XR"自由我精彩"的品牌精神。

"跨界"营销最需要注意的是共性的挖掘，在共性上深度合作！

❈ "跨界"营销的核心在于"创新"

"跨界"营销的本质核心在于"创新"，目的在于通过创新解决新的营销问题，互惠互利实现合作双方的共赢！就好比谈一场恋爱，只有互相倾慕、信任、协作，才能最终完成既定的目标。

当今，创新是一切理论与实践生生不息的力量源泉，既是企业管理的关键问题，也是市场营销的头等大事。

彼得·德鲁克早在30多年前就已经说得很清楚："一家企业只有两个基本职能：创新和营销。"对于企业经营来讲，这两者的重要性不言而喻！创新和营销作为企业生存、发展的核心战略，是必须学习和研究的重要课题，如何理解、开展、落实创新和营销，是业内人士共同关心的焦点问题，而"跨界"作为一种营销，自然也离不开创新！

1817年，人们发现了意大利人达·芬奇遗失数百年的手稿，无奈无法破解。达·芬奇双手都能自如写字，生前大批未经整理的手稿不但是用左手反写的，而且运用了很奇怪的写法，导致书稿表面看来与普通意大利文并无区别，仔细看却难以解读。

后来，研究者通过仔细研究，发现一条线索：达·芬奇临终前曾告诉他身边的一个忠实的徒弟：把手稿对着太阳反过来读才行。利用这一"密钥"，人们破译了达·芬奇手稿的主要内容，也发现了一个奇才。

科学史家丹皮尔说："如果达·芬奇当初发表其著作，科学一定会进步一百年。"就连爱因斯坦也认为，达·芬奇的科研成果如果在当时就发表，科技可以提前 30~50 年。

"蒙娜丽莎的微笑"似乎奠定了达·芬奇的画家地位。但历史学家对他的定位其实一直很头疼：他同时还是雕刻家、建筑师、音乐家、数学家、工程师、发明家、解剖学家、地质学家、植物学家甚至作家，而且各项均非浪得虚名。有人说，达·芬奇的创新力在于极具"跳脱的思维或者不同领域的思维融合"；也有人说，求知欲是达·芬奇最核心的创新动力和密码。广泛掌握真知，无论在科技还是军事领域，都是创新的源泉之一！

> 《蒙娜丽莎》：
> 　文艺复兴时代画家列奥纳多·达·芬奇所绘的丽莎乔宫多的肖像画。法国政府把它保存在巴黎的卢浮宫供公众欣赏。

"跨界"营销作为一种营销方式，其本质的核心也在于"创新"！目的在于通过创新解决新的营销环境中存在的问题，实现合作双方的共赢，让企业在实际运用过程中把握实施的原则，避免步入"只缘身在此山中，不识庐山真面目"的误区。

只有跳出"庐山"，即"跳出品牌看品牌、跳出行业看行业"，颠覆传统思维，实施"无边际"的运作，大胆借鉴、嫁接其他产品、行业的思想、模式、资源和方法，为己所用，超越过去，获得突破，才能实现多赢！

2015 年 6 月，海澜之家"Hi-T 彩虹墙"出现在了上海地铁站，四射的绚丽光芒还没散去，"来罐 Hi-T"便在热情明媚的五月创意开启。"一个饮料罐+一件 Hi-T"能玩出什么新花样？海澜之家巧妙组合，制造出了全新的互动体验，激发出了年轻人无限的"渴"望！

> 海澜之家：
>
> 　　海澜之家股份有限公司旗下的服装品牌，其平价优质的市场定位，款式多、品种全的货品选择，无干扰、自选式的购衣方式，受到了广大消费者的欢迎，塑造了"海澜之家——男人的衣柜"的鲜明品牌形象。2014 年 4 月 11 日，海澜之家上市。

　　Hi-T 是海澜之家吸引年轻人、提升品牌时尚化的 T 恤品牌，开发更具创造力的营销新玩法，就要掌握活跃在信息纷杂的媒体环境和年轻人中的社交空间。"Hi-T 彩虹墙"的出色传播效果已经映射出海澜之家渴望突破传统的营销套路：尝试创造更有爆炸点、话题性、事件性以及整合性的营销活动体验，促使年轻人热情参与，感受精彩。

　　2015 年，第三季的 Hi-T 除了设计时尚、用色大胆外，在面料上更是讲究。为了给消费者带来更加亲肤、舒爽的穿着体验，Hi-T 不仅精选了纤维纯粹，透气性、吸湿性显著的花纱，还选用了亲和肌肤、柔软贴身但不粘身的拉架棉。穿上 Hi-T，就像在炎炎夏日来一罐凉爽透心的饮料，瞬间唤醒机体活力，释放激情。

　　海澜之家的营销团队从 Hi-T 为消费者带来的夏日肌肤穿着感，联系到一罐饮料的畅爽感，迸发出了"一个饮料罐+一件 Hi-T"的创意灵感，于是便创造出"来罐 Hi-T"的时尚炫酷营销手段。

　　要想通过"罐装 Hi-T"展现这一季的 T 恤设计主题，将其打造成既具形象感又有话题性的传播载体，吸引年轻人的目光，调动他们的参与感，就要制造"渴"望。海澜之家深谙此道！海澜之家精心设计了罐身，将 Hi－T 精装入罐，放置到贩卖机中，通过"线上＋线下＋门店"的互动协作进行传播，大力号召受众"来一罐"；同时，"跨界"联合媒体与合作品牌，借势《奔跑吧兄弟》的强大影响力和节目粉丝热情，开启了"罐装 Hi－T"的"互动＋流动"的缤纷玩味之旅。

1. 罐装设计，风情各异

Hi－T 罐的包装设计体现了格调 T、活力 T、自由 T 三大主题系列。提取经典条纹、多彩图案、跃动圆点等设计元素，推出了三款或充满后现代主义，或带巴洛克风情，或绘着街头涂鸦的缤纷罐。打开炫酷 Hi－T 罐，立刻就会穿出夏日风采。

2. 借势跑男，娱乐"跨界"

作为热门综艺《奔跑吧兄弟》的独家服装赞助商，海澜之家将《奔跑吧兄弟》明星同款作为 Hi－T 系列的彩蛋款装入 Hi－T 罐，烫金 R 标多彩 T、小羊肖恩卖萌款，不仅激发了节目粉丝的购买热情，也为海澜之家这个品牌赚足了声量。

另外，海澜之家联合手机 QQ 天天酷跑部落、《奔跑吧兄弟》官方微博和贴吧共同推出了"#来罐 Hi－T#"活动，限量版罐装 Hi－T 免费送，吸引了"渴"望拥有的大批节目粉丝。

3. 多平台互动

罐装 Hi－T 以年轻人喜爱的游戏化互动方式，搭载超人气手机游戏平台，制造出了热闹的争罐现象。通过海澜之家官方微博、微信、手机 QQ 热门活动推荐页面点击游戏相关链接，在规定时间内完成趣味游戏，找齐画面中的

"Hi－T LOGO、Hi－T 专属老虎头图案、Hi－T 罐子"三个元素，就可以获取免费 Hi－T 兑换码，到海澜之家官方电商兑换。

4. T 恤贩卖机

在北京西单站、上海陆家嘴站这两地最繁华的地铁站内，安放有新潮的"罐装 T 恤"自动贩卖机。很多行人都会停驻在贩卖机前，体验有趣的互动，因为"喝"到 Hi－T 而惊喜不已。

5. 创意视频

全新的创意视频，采用了趣味动画的方式进行拍摄，营造出了一个缤纷多彩的海澜之家 Hi－T 奇妙工厂，讲述着罐装 Hi－T 的奇妙诞生史，演绎着 Hi－T 带来的夏日奇妙之旅。

视频生动有趣地介绍了活动流程并邀约参与，视频里帅气的模特穿上海澜之家最新 Hi－T 更是吸引眼球，路人对趣味游戏跃跃欲试。

6. 异业合作

海澜之家联手长安马自达、中国移动、苏宁易购、腾讯视频、优酷视频等众多品牌，建立品牌活动联盟，推动了罐装 Hi－T 的多渠道流动，渗透到更多领域的社交阵地，成为一道流动的免费广告。

7. 加量制造

"罐装 Hi－T"超乎想象的欢迎热度及其创造的传播效果，激励海澜之家新增了 100 万个 T 恤罐，通过线下门店和天猫官方旗舰店回馈顾客，弥补了许多消费者未能得到的遗憾。

"来罐 Hi－T"的创新"跨界"营销，通过多元化手段、多渠道整合，在线上线下收获了近 2000 万人次的参与，在社交媒体上引起了网友广泛的"渴"望和评论，有效地引导并连接了年轻群体与海澜之家形成趣味互动，让他们感受到了品牌的时尚感和创新性。同时，借助罐装设计形象，还展现出了 Hi-T 设计主题与时尚风采。

"跨界"营销的本质核心在于"创新"，目的在于通过创新解决新的营销问题，互惠互利实现合作双方的共赢才是成功合作的驱动力，就好比谈一场恋爱，需要互相倾慕、信任，进而协作才能最终完成既定的目标；作为企业，在实际运用过程中要大胆借鉴、嫁接其他产品、行业的思想、模式、资源和方法，为己所用，超越过去，获得突破，"跳出品牌看品牌、跳出行业看行业"，只有颠覆传统思维，才能独辟佳境，在复杂多变的市场中"杀出一条血路"！

第三章 制定"跨界"策略，
实现成功"跨界"

❖用户体验为中心，"跨界"营销的基点

正是基于对用户体验的完美表达，越来越多不可思议的著名品牌厂商走到了一起。它们利用各自品牌的特点和优势，将核心的品牌元素提炼出来，与合作伙伴的品牌核心元素进行契合，从多个侧面诠释出了一种共同的用户体验。

任何营销方式都是为了吸引客户来购买自己的产品或者服务，任何一种营销方式如果得不到用户的响应效果一定很差。想当然地去做，肯定会遭遇失败，这是很多企业用自己的失败已证明了的。

试想一下，你做出的营销方式、某些优惠手段、广告促销，别人连看都不看，又怎么能吸引用户呢？"跨界"营销更是如此！一定要重视用户体验，这是吸引用户很重要的一步。如果不能从用户的角度去思考、考虑问题，即

使项目再好，对用户来说，没有用处，他下次一定不会来了。

2015 年 6 月，全球移动游戏发行和运营服务商 飞流 正式携手中国互联网约租车行业领先者易到用车展开"跨界"合作。飞流通过其独代手游《攻城掠地》为易到用车在媒体、渠道等方面展开多方位的品牌传播，易到用车则为飞流及《攻城掠地》用户不限总额地发放礼包券。这也是飞流继与电商、快消品、连锁便利店等展开"跨界"合作后，以用户为核心，不断提升用户体验的新举措。

飞流：

　　全球移动游戏发行与运营服务商，公司聚焦在以兴趣为基础的移动娱乐社区平台，向用户提供应用推荐服务、基于兴趣的社区交流和移动游戏。

　　目前，飞流已成功代理发行了《攻城掠地》、《龙骑战歌》、《战地坦克》、《啪啪三国》、《众妖之怒》、《就是要三国》等优秀手机游戏。

双方合作的核心《攻城掠地》，是一款于 2014 年上线的三国题材 SLG 手游。游戏首次在同类手游中真实重现了历史上数量多达 300 座的城池关隘，并首创了诸如 24 小时实时语音国战系统、内外兼顾的计谋政略等特色系统，用户可以在移动设备中感受真实、富有激情的三国争霸。凭借卓越的游戏品质和诸多创新，《攻城掠地》在上线后迅速成为众多手游用户的必备，至今仍是 SLG 领域无可取代的标志性产品之一。

自《攻城掠地》上线后，飞流不断围绕用户体验，对游戏进行迭代、制定专属客户服务等举措，致力让用户在移动互联下享受更多的乐趣。而易到用车亦旨在通过移动互联，让用户享受出行的愉悦，双方以移动互联为基础，提升用户体验为目标的理念具有高度的统一。

正是基于对用户体验的完美表达，越来越多不可思议的著名品牌厂商走到了一起，跨越了企业的界限，跨越了产业的界限，以一种同样出人意料的方式进行协同营销：它们利用各自品牌的特点和优势，将核心的品牌元素提炼出来，与合作伙伴的品牌核心元素进行契合，从多个侧面诠释出了一种共同的用户体验。

这些品牌分处不同的行业，并且可能都是这些行业的领导品牌，但它们不是竞争对手，甚至各自的产品也没有功能上的任何互补关系。它们面对的是具有同样或类似特征的消费群体，它们力求传达类似或相同的用户体验，它们共同推出的产品让消费者为之着迷，为之倾倒，这就是"跨界"营销的魅力所在！

2014 年底，一款电影与游戏合作的双端新游《天将雄师》备受广大玩家及影迷期待。这款产品是根据 2015 年春节档同名电影巨制改编的网页手游，由 37 游戏独代运营，在 2015 年大年初一电影公映时同步公测。

网页游戏与移动游戏配合电影上映档期同步推出，使《天将雄师》的影响力渗透到电影院以外的人群。用户在休闲时间可以通过电脑、手机体验到《天将雄师》带来的更多乐趣。

影游"跨界"合作的方式能为用户带来整合联动的立体体验。电影被改编成游戏，给予游戏玩家的是一种主动权和参与感，玩家可以亲自推动剧情发展，从另一种主观角度理解剧情，影迷则可以从游戏中再次体验和回味自己喜爱的人物和故事。

对于厂商，"跨界"合作的兴起让原本陈旧的市场推广思路变得多元化，使渠道的整合利用率得到提升。无论是电影还是游戏，有了跨行业的衍生产品，相当于增加了更多的推广渠道，使产品获得了更大的曝光机会，影响也会更加深远。

"跨界"代表了一种新锐的生活态度与审美方式的融合，可是，需要说明的是，建立"跨界"关系的不同品牌，一定是互补性而非竞争性的品牌。这里所说的互补，并非功能上的互补，而是用户体验上的互补！

如今，很多品牌在进行"跨界"营销时，经常会在社交媒体上"隔空喊话"，自娱自乐，把消费者晾在一边。但是，"跨界"营销的本质是消费者参与的内容营销，就像是导演一场电影，既有主题，又有故事。只不过和电影不同的是，故事的主角是"观众"，他们会参与到故事中，而不仅仅是站在一边看热闹。

UBER 和妈妈网有过这样的一次合作：

"9月1日"对于将要进入幼儿园的小朋友和家长来说，都是一个非常值得纪念的日子。宝贝即将和家人分开8小时，步入一个全新的环境。爸爸妈妈的心情也是五味杂陈：担心、焦虑、不舍……

UBER：

　　全称"UBER TECHNOLOGIES, INC."，是一家风险投资创业公司和交通网络公司，总部位于美国加利福尼亚州旧金山，以移动应用程序连接乘客和司机，提供租车及实时共乘的服务，已在全世界数十个城市提供服务，乘客可以通过发送短信或是使用移动应用程序来预约车辆，利用移动应用程序时还可以追踪车辆的位置。

2014年9月1日，UBER 和妈妈网联合举办了一次活动：上学、放学专车接送宝宝，摄影师全程跟拍摄影，记录宝贝美好、珍贵的第一天。UBER 还表示：凡是符合报名条件，并按要求报名的网友，无论是否被选中，都能获得 UBER 提供的 100 元打车基金。

该活动获得了很多妈妈的好评，不少妈妈在活动主帖后跟帖留言，如："来了个高大上的奥迪车，很宽敞，真心不错啊。""给宝贝一个有意义的开学纪念。"

这次活动让当地的部分妈妈认识、体验了 UBER。在今后需要专车的时候，比如宝宝生病、带宝宝逛公园等时，妈妈们也会情不自禁地想起 UBER。

在这次活动中，UBER 几乎没有媒介购买的费用，在百度上搜索 UBER 中国，信息单一，并不丰富，甚至连一些精彩的"跨界"营销案例，也搜索不到。其实，UBER 在中国，走的完全是一条口碑传播的营销路线，UBER 就是要把每次的"跨界"营销做成一次事件，做成一次极致的用户体验，让用户尖叫。

比如，在深圳，UBER 和中国首届新媒体艺术节进行了合作，为其提供 UBER 专属大巴，沿路接载乘客去艺术节现场；还在大巴上向乘客们提供顶级美发师、美甲师、专业 DJ 的专享服务，粉丝们还没到艺术节，就已热血沸腾。

在成都，UBER 和宝马 Mini Cooper 合作，在成都市区三环内免费搭乘至目的地。每辆 Mini Cooper 配备两位专用轮班司机，车上还提供 Mini Cooper 期刊、饮品、车内 Wi－Fi 和充电器等人性化产品。

很多人就是通过微信朋友圈里朋友的分享认识 UBER 的。这些自发分享的内容绝大多数都是有故事、有体验的，不同于朋友圈里分享滴滴打车的用户，大多是实际利益的红包。

总之，UBER 的传播策略更看重这样一条循环链："跨界"营销事件——高素质人的自发传播——影响他们的小圈子——口碑传播。

❖产品研发"跨界"，没有什么不可以

开发新产品，打开新的经营领域是企业竞争力的要素之一，企业在单一产品方向上开发新产品和系列产品虽然可以扩大生产规模，但是，单一产品的市场容量毕竟有限，会限制企业的发展。

新产品开发的成功与否直接关系到企业的长远发展！企业管理的核心是新产品开发，因此要拥有优秀的设计管理，使新产品成功推向市场并被消费者所喜爱。这不仅会给企业带来利润，还能巩固企业在市场上的良好形象。

市场营销学中所指的新产品概念不是从纯技术角度理解的，不一定都指新的发明创造，其内容要广泛得多。从市场营销学的角度看，凡是企业向市场提供的能给顾客带来新的满足、新的利益的产品，即视为新产品，大体上包括以下几类：新发明的产品、换代产品、改进产品、新品牌产品（仿制新产品）、再定位产品、成本减少产品等。企业新产品开发的实质是推出不同内涵与外延的新产品。而对于大多数企业来讲，则是改进现有产品而非创造全新产品。

所谓产品研发"跨界"就是，两个或者多个不同领域的品牌依据自身的优势，来进行产品研发，即"A 品牌 + B 品牌 = C 新品牌"的模式。原本毫不相干的元素相互渗透、相互融合，就会产生新的亮点。

比如：「"海绵宝宝"」与佐丹奴推出主题系列时尚服饰。

《海绵宝宝》：

美国著名的系列电视动画，1999 年在尼克国际儿童频道开播，至今仍在持续制播中，创始者是史蒂芬·海伦伯格。由于剧情幽默、寓教于乐、充满想象力，受到许多儿童及成年观众的喜爱，并被翻译成多国语言，风靡世界。

由广州艺洲人文化传播有限公司代理授权的动漫品牌——海绵宝宝，自 2008 年进入中国以来，已经成为家喻户晓的卡通明星，成为孩子、父母及青少年的生活伙伴。随着这个穿着方形裤子、留着性感龅牙、厨艺超群的小家伙和派大星的频频出现，这股黄色风潮开始涌向潮流界。

2014 年 5 月，海绵宝宝与潮流服饰品牌佐丹奴公司携手合作了一系列时尚潮流服饰，集合成人的幽默与孩童的纯真，在初夏来临之际联合推出了"HAPPY SQUARED"系列产品，在北京各大门店首度亮相，为整个夏天带来了不同寻常的换装惊喜。

海绵宝宝"HAPPY SQUARED"系列产品延续了以往的设计风格，简单大方，时尚前卫。创意破格的造型变化，使海绵宝宝和派大星这两位童趣可爱的形象立刻转变成潮流元素，更将时下十分流行的字母、车花印章等元素融入其中，潮味十足。

自海绵宝宝进入中国市场以来，其品牌合作已从以往的低龄化产品合作逐步向青少年龄层不断突破，海绵宝宝成为全年龄段的卡通明星，因此不少知名品牌也陆续与海绵宝宝牵手合作。本次海绵宝宝和佐丹奴的联姻合作，不仅为卡通品牌与其他行业的"跨界"合作提供了灵感，更拓宽了卡通形象在其他年龄层发展的道路，有利于卡通形象进行品牌升级，使其成为跨越全年龄层的卡通品牌，为整个动漫行业领域的品牌授权发展提供了更广的发展方向。

再如，Adidas 与日本品牌 Yohji Yamamoto（山本耀司）合作生产的球服。

全球知名运动品牌 Adidas 与日本设计师山本耀司合作，推出了最新限量版球服和 adidas adizero f50 球鞋。这款球鞋的设计灵感源于传统神话与日本现代科幻小说。该系列足球鞋设计独特，鞋上印有神兽图案。设计师用色巧妙，通过绿色和蓝色两种亮丽的色彩呈现出来，极具视觉冲击和魔幻感觉，东西方文化交融在这款球鞋上得到完美体现。

而新款球衣主色调为黑色，仅有少量白色附着，黑白搭配尽显极简风格；在球服胸前部位，印有两头代表东方文化色彩的神兽——巨龙；衣领处，还有山本耀司本人的签名。

山本耀司是日本传奇设计大师和先锋派代表，善于将西方式的建筑风格设计与日本服饰传统结合起来。在此次与 Adidas 的合作中，他延续了以往的风格，融入了大量的东方元素，这次合作也是他设计生涯中浓墨重彩的一笔。

上面的这两个案例就是典型的产品研发"跨界"。简而言之，所谓的产品研发"跨界"就是：在产品的研发过程中通过借用同行业或另一行业成形的概念、功能来实现产品研发或功能上的"跨界"，如防脱、排毒、醒脑洗发护发产品就是化妆品与药品行业的"跨界"；采用天然植物研发的抗衰老护肤品，就是化妆品与保健行业的"跨界"；将护肤辅酶 Q10 运用到护发用品、将护肤面膜运用到护发用品等，则是化妆品行业内的"跨界"……

开发新产品，打开新的经营领域是企业增强竞争力的要素之一，企业在单一产品方向上开发新产品和系列产品虽然可以扩大生产规模，但是，单一产品的市场容量毕竟有限，会限制企业的发展。因此，就要通过开发新的产品进入新的领域，寻求新的发展空间。世界上规模巨大的跨国公司几乎都涉足许多行业，如此才可以形成规模，开拓新的经营领域，提高企业抵御市场风险的能力。

这里还有一个典型的例子——康师傅和星巴克的合作！

> 康师傅：
>
> 总部位于天津市，主要在中国从事生产和销售方便面、饮品、糕饼以及相关配套产业的经营。2012年3月29日下午，中国百事公司发表声明称，商务部批准了康师傅与百事公司的战略联盟。2013年康师傅矿泉水被兰州国际马拉松列为指定用水。

曾几何时，坐在星巴克喝上一杯咖啡，成为大多数都市白领所青睐的一种休闲方式。而如果康师傅生产的星巴克即饮咖啡出现在便利店、路边摊，不知能不能喝出其中特有的味道？随着饮料行业的下滑，寻求新的业绩增长点成为康师傅的当务之急。此番"傍上"星巴克进军即饮咖啡市场，显然看中了年轻消费者的选择方向。

2015年3月19日，康师傅与星巴克联合对外宣布，双方正式签署合作协议，为了破局60亿美元的中国即饮咖啡和功能饮料市场，双方决定共同研发、生产和销售星巴克即饮饮品，并拓展本地市场分销渠道。根据协议，星巴克主要的任务是：发挥其在咖啡领域的专长，负责产品研发和创新及品牌发展；康师傅则负责在中国大陆的生产、销售。双方的合作会将全部星巴克即饮饮料产品线带入中国市场。

资料显示，当前中国即饮咖啡和功能饮料市场规模达60亿美元，预计未来三年还将进一步增长20%。与康师傅的合作是星巴克发掘中国即饮饮品市场巨大潜力、拓展本地市场的需求，合作还会促进星巴克开发新的产品品类，拓展消费者在星巴克门店以外的体验。星巴克的短板在于渠道，其铺货网络不够，而康师傅恰恰在饮品创新方面乏力，但胜在渠道，双方合作可谓各取所需。

其实，早在2007年星巴克就与百事公司达成了合作，双方成立合资公司向北美以外的市场拓展业务，首站正是中国。合作中，星巴克负责提供咖啡豆等原料，由合资公司负责生产，百事公司负责渠道推广和销售。2011年底，百事公司将其在华瓶装厂悉数出售给康师傅，双方达成战略联盟，所以此番星巴克与康师傅的联姻也显得顺理成章。

产品在市场上的销售情况及其获利能力会随着时间的推移而变化。这种变化的规律就像人和其他生物的生命历程一样，从出生、成长到成熟，最终将走向衰亡。产品从进入市场开始直到被淘汰，这一过程在市场营销学中被称为产品的市场生命周期。

产品生命周期理论告诉我们，任何产品不管其在投入市场时如何畅销，总有一天会退出市场，被更好的新产品所取代。企业如果能不断开发新产品，就可以在原有产品退出市场时利用新产品占领市场。在知识经济时代，新技术转化为新产品的速度逐渐加快，产品的市场寿命越来越短，企业得以生存和发展的关键在于不断地创造新产品和改造旧产品。

❖ 奉行服务至上，赢取异域客户

成功的"跨界"营销活动能够提高品牌的知名度、美誉度和好感度，实现品牌之间的双赢，并依托品牌的协同效应产生更大的价值；反之，不但会对品牌产生负面效应，还会降低消费者对品牌的黏性。

当前，市场的竞争越来越激烈，越来越残酷，很多企业都非常关注战略问题、成本问题、技术问题、人才问题，而往往忽略了客户服务这个企业长期生存的命脉。事实上，客户才是企业真正的老板！如果丧失了客户，就意味着失去了生存的机会，所以给客户提供卓越而周到的服务是企业发展的重要策略。

"跨界"营销是否能为消费者带来切实的利益，是决定"跨界"营销能否取得成功的决定因素！只有营销活动为消费者带来实在的利益，无论是物质层面的还是精神层面的，才能调动消费者参与互动的积极性与热情，才会为品牌带来持续的激活效应。

拿一瓶可口可乐就可以登机，很多人可能会觉得不可思议，但是这是真的！

2014 年 10 月，可口可乐与 西捷航空 公司展开了"跨界"营销合作，推出了定制的可口可乐。这款可乐最大的特殊之处就在于可乐瓶可以当作登机牌使用。

西捷航空：

　　一家以加拿大卡尔加里市为总部的廉价航空公司，为加拿大第二大航空公司。西捷航空提供客运、货运和包机服务，目的地共有 51 个，主要在北美洲和墨西哥。目前，西捷航空是一家拥有 7000 多名员工及 12 亿美元市场资本值的公司。

可口可乐在机场内设置了售卖机，让乘客分享给好友定制的可乐瓶罐；同时，乘客自己也会收到一只可乐瓶罐，神奇的是，这款可乐竟然可以用来当作登机牌使用。

同时，西捷航空还会在座位上为用户送上一瓶定制的可乐。看完之后，用户自然会想拥有这样一瓶可乐，想去感受一下拿着可乐瓶登机的新奇体验。

"跨界"营销是一种创新式的营销方式，"跨界"合作就是让原本毫不相干的元素相互碰撞融合。"跨界"营销具有多种方式：产品"跨界"、文化"跨界"、渠道"跨界"等。成功的"跨界"营销活动能够提高品牌的知名度、美誉度和好感度，实现品牌之间的双赢，并依托品牌的协同效应产生更大的价值；反之，不但会对品牌产生负面效应，还会降低消费者对品牌的黏性。此次可口可乐与西捷航空的合作无疑是成功的！

可乐与航空公司看似两种风马牛不相及的事物，却上演了一场完美的营销合作，实现了两种品牌间元素的交叉融合。实施"跨界"营销，需要我们突破传统的思维方式与营销模式，找到两个品牌中的某个契合点。此次的"跨界"营销合作将可口可乐瓶化身登机牌，找到了整个营销活动的引爆点。

"可乐瓶登机牌"使整场精心策划的营销活动一触即发，这一事件告诉我们，企业策划"跨界"营销活动的时候，要从思想层面寻求转变，从多维度寻求突破，根据产品和品牌的属性设置活动的引爆点。只有以消费者为中心，以消费者的需求为导向，切实为消费者带来实际的利益，才能最终赢得消费者的心。

2014年11月，远洋地产联手京东金融发起了"11元筹1.1折房，圆安家梦"的活动。活动中，远洋地产拿出北京、天津、武汉、杭州等城市的11套房源参与该活动。

从11月11日0时0分至23时59分，京东金融"小金库"或"白条"

用户登录京东众筹页面后，只需支付 11 元就可获得 1.1 折购房的抽取资格，其他京东用户则需支付 1111 元以获得抽取资格。抽取结果会在 11 月 17 日揭晓，抽中者可以以 1.1 折的价格购买上述房源。活动结束后 30 日内，未被抽中的用户，其所支付的 11 元或 1111 元将被退回。

这是一次互联网金融与房地产的"跨界"合作，双方在整个活动中不收取用户任何费用，旨在希望通过对这种"跨界"的新商业模式探索，来降低营销成本，为用户带来切实的福利。

数据显示，这 11 套房源的原价总和为 718.2 万元，最终售价总和为 79.7 万元，即远洋地产为了举办活动，收入将减少 638.5 万元。可是，对这种模式的探索却成功地走出了第一步。如果以平均每套房子 100 万元计算，远洋地产只要在这次活动中卖出 1000 套房子，就是营销上的大胜！

❖ 优化营销渠道，广撒网、深做渠

得渠道者得天下！在互联网日新月异的发展背景下，传统的卖场、4S 店、直营店等的销售模式越来越受到网上销售模式也就是"电商"的冲击，是瞄准选择一个单一的销售模式，还是多管齐下，是企业在实施"跨界"策略的过程中应认真思考并力求突破的一个课题。

如今，渠道"跨界"被大量运用在家用电器、IT、汽车、手机、日用品、快速消费品、耐用消费品、饮料食品等行业，一家企业会借用另外一家企业的销售渠道进行产品销售，或者是使用双方优势的销售渠道互相销售对方的产品。

除此以外，渠道"跨界"在以渠道和终端为核心的行业里应用也十分广泛，比如：海尔与三洋、波导与西门子、TCL 先后与松下和飞利浦、摩托罗拉与 TCL 等。可是，在联盟与合作的背后，中国企业总有一个被跨国公司特别关注的因素，那就是渠道。TCL 的渠道就曾经被飞利浦"借过"。

2002 年 8 月 22 日，飞利浦与 TCL 集团在上海共同宣布：两大品牌公司即日起在中国五地的市场进行彩电销售渠道的合作。根据双方协议，TCL 将利用其销售渠道及网络优势在国内五地的市场独家销售飞利浦彩电。

还有雀巢和可口可乐的合作。双方达成协议，雀巢咖啡通过可口可乐在餐饮店的现调饮料机、自动售货机大量销售，快速提高和扩大了销售量和市场份额，也是一个成功案例。

> 雀巢：
>
> 雀巢公司，由亨利·雀巢（Henri Nestle）于 1867 年创办，总部设在瑞士日内瓦湖畔的韦威，在全球拥有 500 多家工厂，为世界上最大的食品制造商。公司起源于瑞士，最初以生产婴儿食品起家，以生产巧克力棒和速溶咖啡闻名遐迩。

得渠道者得天下。在互联网日新月异的发展背景下，传统的卖场、4S 店、直营店等的销售模式正在越来越受到网上销售模式也就是"电商"的冲击，是瞄准选择单一的销售模式，还是多管齐下，营造一个"百花齐放，百家争鸣"的销售网络，正是企业在实施"跨界"策略的过程中认真思考并力求突破的一个课题。

广撒网：提高市场覆盖率

一直以来，提升产品在市场终端的覆盖率，都是进行渠道营销的重要目标。一般情况下，企业只有形成无缝覆盖，才能使渠道各个环节都覆盖着自己的产品，因此解决渠道的广度问题就必须要让产品进入各种不同类型的终端，尽可能地扩大目标消费者与产品的基础面，扩展终端销售点密度。

1. 渠道终端布点的多与少

众所周知，渠道终端布点太稀，是不利于充分占领市场的。可是，渠道终端布点，也不是越密越好——布点太密，不仅会加大销售成本，而且销售效率也可能大大下降，同时还会加剧各销售点的冲突与矛盾。因此，如何维持终端销售点的适度布点，就成为企业进行渠道广度决策的关键。

渠道终端广度决策的基本任务就是，确定企业在目标市场应利用多少渠道成员来销售产品，从而最大限度地提高产品分销的效率。

2. 渠道终端广度决策的评价标准

一个企业在进行渠道终端广度决策时，可参照的主要标准有以下几个方面：

（1）渠道分销成本的高低。

渠道分销的成本可以分为两种：一种是渠道网络的开发成本；另一种是渠道网络的维护成本。在进行渠道终端广度决策时，成本是一个必须考虑的因素，不能不顾成本地进行盲目的渠道扩张，不仅要控制渠道分销总成本的总体水平，还要制定一种可以不断降低成本的分销机制。

（2）产品市场覆盖率的大小。

对于很多企业来说，产品的市场覆盖率是萦绕在企业经营者头脑中的首要问题，因此，市场覆盖率始终是企业渠道广度决策时必须考虑的核心因素。其中的关键是，市场覆盖率的提升可以促进销量的提升。但市场覆盖率的提升也意味着分销成本的增加，这其中的利弊权衡，是企业必须面对的问题。

（3）自身渠道控制能力的强弱。

企业渠道广度决策的另一个重要衡量标准是：企业的渠道控制能力有多强？当渠道分销网络日益膨胀时，是游刃有余，还是有心无力？其实，很多企业的衰落就是起因于自己对分销终端的失控。所以，不断提升企业自身的渠道控制能力是企业进行渠道拓展的一项必修课。

深做渠：深度分销做细活

2014 年 6 月，在等待了漫长的八个月后，那英、汪峰、齐秦和杨坤组成的导师阵容尘埃落定，中国好声音开唱在即。6 月 12 日，在连续三年独家冠名浙江卫视中国好声音的同时，加多宝首次实现了第一次一个品牌对一档节目的全渠道冠名。加多宝成为腾讯视频与中国好声音节目互动的总冠名，全面提升了加多宝中国好声音的品牌影响力。

从 6000 万元到 2.5 亿元，加多宝与中国好声音的三次合作，已经成为两个品牌的共同标签，并推动了双方资源更深层次的互动。加多宝此次与第三季中国好声音独家网络版权方腾讯战略合作，将整合腾讯旗下的新闻客户端、视频客户端、QQ 音乐客户端、游戏、微信、手机 QQ 等多渠道终端，搭配线下印有中国好声音"V"形标志的产品渠道，实现与中国好声音互动的最大化。

> 中国好声音：
>
> 　　由浙江卫视联合星空传媒旗下灿星制作强力打造的一档大型励志专业音乐评论节目。中国好声音不仅是一个优秀的选秀节目，更是中国电视历史上真正意义的首次制播分离。

　　在全媒体高速发展的当下，加多宝中国好声音不仅需要通过传统电视媒体满足广大受众的视听享受，还需要满足互联网受众对碎片化信息的要求，最终实现加多宝、中国好声音、腾讯、受众的高效互动。加多宝携手腾讯共同助力中国好声音，必然会为广大受众带来更好的节目互动体验。

　　加多宝凉茶对于市场创新的敏锐度以及品牌营销的专注，是此次双方合作的基础。传统产业产品的线下平台与互联网企业的线上平台进行联合，将建立起品牌新的生态圈，覆盖更多的分众市场。同时，加多宝还通过销售终端实现与消费者的线下互动。

　　伴随着加多宝中国好声音促销装的上市，2014 年"唱·饮加多宝直通中国好声音"拉环互动平台也已全面上线，通过短信、微信、PC 三个渠道满足更多消费者参与加多宝中国好声音的互动需求。

　　今天，我们所处的时代已经从以 4P 理论为指导的产品导向型营销时代发展到了以 4C 理论为指导的顾客导向型营销时代。各行业市场中已经没有了过去供不应求的好事，大多都是"僧多粥少"，以争夺有限顾客资源为核心的竞争日益普遍。

在这样的市场背景下，企业必须改变传统的以总经销代理、多级批发渠道为核心构建的企业产品销售模式，要减少渠道层次，加强渠道尤其是终端渠道的控制能力，提高产品渠道效率，提高产品在终端市场的覆盖率，因此需要深度分销。

那么，究竟什么是深度分销呢？就是减少原有渠道层次，增强中间商分销能力或通过企业自建渠道，扩大终端市场的广度（覆盖面）和密度（占有量），增强渠道控制能力，提高渠道忠诚度，提高顾客购买概率。

采用这种方式，厂家会参与到渠道网络运作中，占据着主导地位，是一种严格监控式的渠道管理方式：厂家负责业务人员的管理、网络的开发、终端的维护、陈列与促销的执行等主要工作，经销商只负责部分物流和资金流。

概括起来，这种渠道分销模式有以下三个特点。

1. 厂商关系更紧密

通过深度分销，厂商利益和目标更加一致，厂商之间的关系不再是松散的利益关系，而是紧密型的战略伙伴关系；不再是简单的买卖关系，而是密切的管理与合作关系。

2. 渠道管理更精细

在过去，销售渠道管理中，企业只重视总经销或一级批发商，不重视终端管理；而通过深度分销，企业可以加强对各级渠道成员的管理与沟通，从粗放式的渠道运营发展成精细化渠道运营。

3. 市场秩序更规范

通过深度分销，企业不仅可以加强产品、价格、渠道和销售区域的管理，还可以有效地抑制越区串货和随意变动价格等市场违规现象的出现。

❖企业文化"跨界"营销的实施策略

消费者在消费产品的过程中，既可以满足物质需求，又可以满足产品或企业文化所带来的文化需求；在产品文化与消费者文化的交汇处挖掘闪光点，能够实现产品的差异化传播诉求，并把这种文化闪光点融合到营销的全过程，实现文化与营销的互动与交流。

当产品的物理属性差异渐渐抹平后，文化与品牌的比拼就会成为竞争的撒手锏。在文化层面，"跨界"也是一种非常有效的选择。

在工业经济时代，企业可以依靠差异化的产品技术和质量击垮对手，但在产品同质化、消费个性化日益成为趋势的今天，一个没有文化个性的产品是无法在市场上生存的。如今，文化营销正在凸显其强大的市场竞争优势，已经成为众多企业和品牌决胜市场的一个撒手锏。而文化的"跨界"，则是实现文化创新营销最重要的手段！

那么，什么是文化营销呢？读了 星巴克 的故事或许你就明白了。

星巴克卖的不是咖啡，而是一种"第三生活空间"的独特文化体验。其实，这就是星巴克的一种文化营销，也是星巴克之所以能够取得伟大成功的关键所在。

星巴克:

　　1971 年成立,全球最大的咖啡连锁店,其总部坐落于美国华盛顿州西雅图市。星巴克旗下零售产品包括 30 多款全球顶级的咖啡豆、手工制作的浓缩咖啡和多款咖啡冷热饮料、新鲜美味的各式糕点食品以及丰富多样的咖啡机、咖啡杯等商品。星巴克在全球范围内已经有近 21300 家分店,遍布北美、南美洲、欧洲、中东及太平洋地区。

　　星巴克认为,它的产品不单单是咖啡,咖啡只是一种载体。它是想通过咖啡这个载体,把一种独特的文化体验传达给消费者。在星巴克,咖啡的消费已经不是一种物质消费,而是上升成为一种感性的文化层面上的消费,咖啡的芳香、味道,家具的摆设,壁画的装饰,音乐的旋律……咖啡店所营造的环境文化深深地感染着每一个进入星巴克的消费者,并形成一种独特的文化互动和沟通,传达着星巴克品牌的文化魅力。

　　2014 年,星巴克不甘心只是平价咖啡连锁品牌,在全球保持扩张姿态的同时,借助移动技术力量与顾客联系更紧密,"自我革命"开辟了"焙烤咖啡体验馆",推出了精品咖啡品牌"R"。

　　同年 3 月,星巴克宣布与美国最著名的脱口秀主持人奥普拉合作,推出了以她命名的 Teavana 茶——Teavana Oprah Chai Tea。同时,铺开了"夜店"计划,计划在未来几年里在美国数千家门店引入酒精饮料。当夜幕降临,星巴克咖啡馆将摇身变成夜店酒馆,用户在工作之余可以在此一醉方休。

　　9 月,星巴克与 Uber 合作,推出了直送咖啡馆的订车服务。在星巴克选择叫车服务之后,手机就会从星巴克的 App 跳转到 Uber 的 App,并开启叫车流程(用户需同时安装 Uber 和星巴克的两款 App 才可以正常使用)。同时,星巴克以 9.135 亿美元的价格收购了 Sazaby League 手中 60.5% 的 Starbucks

Japan 股权，加快了其在第二大零售市场——日本的增速。

11 月，星巴克在波特兰市率先推出了新的移动订单和支付应用，并在 2015 年覆盖美国全国，星巴克的忠实会员可以通过这款应用申请送餐服务。送餐服务在 2015 年下半年正式推出……

文化营销是以消费者为中心的，消费者在消费产品的过程中，既可以满足物质需求，又可以满足产品或企业文化所带来的文化需求；在产品文化与消费者文化的交汇处挖掘闪光点，就可以实现产品的差异化传播诉求，并把这种文化闪光点融合到营销的全过程，达到文化与营销的互动与交流。

企业在实施文化"跨界"营销的时候，应该做好以下几个方面的工作。

1. 细致的消费者文化调查

文化营销中的文化是目标市场消费者与产品文化的契合，因此，进行文化"跨界"营销，首先就要对目标市场的消费者文化做深度分析和研究，主要包括：目标市场的风俗习惯、文化环境、人口特征（包括民族、学历、人口比例等）。

只有深入了解了这些文化特征，才能在产品开发和传播包装过程中，做到有的放矢，才能在迎合目标消费者文化喜好的基础上赢得消费者的青睐。

2. 发掘自身独特的文化内涵

每个产品或企业都或多或少地有一定的文化背景，要想尽一切办法，把可以彰显自己文化内涵的东西都翻出来，这些东西就是属于自己的文化财富，或者说是一种文化竞争力。例如，茂晠松茸。

松茸这一产品本身就具有很丰富的文化背景：它是国家二级濒危保护植物，极为珍贵，而"云南松茸"完全可以成为继云烟、普洱茶后，云南又一个高端的文化"名片"。

这些产品的文化背景都是可以大做文章的，而像云南白药、孔府家酒这些文化型企业更是有着不可替代的文化竞争优势。

3. 找出文化"跨界"共鸣点

在文化研究上知己知彼后，就要在自身文化优势和消费者文化需求特征之间找到一个可以连接两者的共鸣点，对产品进行文化定位。

这种文化定位，除了要兼顾体现自身优势和满足消费需求外，还要有一定的文化差异性或独特性，不能跟其他同类产品的文化诉求一样，而是要有文化个性。在找寻到文化定位后，就可以在产品包装和传播的各个层面进行文化植入了。

第四章 掌握传播要领，
制造新引爆点

❖ 传播地域的"跨界"，差异是本质

传播地域的"跨界"，其核心就是企业根据不同区域的市场差异有针对性地采取不同的传播策略，更好地满足目标顾客的需要，更有效地占领市场。这种差异化传播不仅基于地区目标顾客的不同，还基于地区文化、市场竞争态势等各方面的不同。

营销传播概念与品牌定位概念、产品卖点等不是一个概念，定位概念或产品卖点等都属于营销概念，而营销传播概念是基于传播和消费者的心理感受的，更强调一种意识形态上的感受，而这种感受来自各个方面，我们可以从各个方面来挖掘和提炼营销传播概念，因此，在营销传播概念的提炼中，更能感受到因地制宜的奥秘！

虽然从理论上可以总结出很多提炼的理念和方法，可是，在实际操作中，

更多的还是要依靠对市场的敏锐嗅觉和经验带来的直觉，甚至可以说需要一点天赋的市场悟性。例如：Zippo 试水服装业务。

2012 年 10 月初，Zippo 中国首家服饰旗舰店在青岛万达广场开业，这也是 Zippo 在全球开设的第一家服饰精品店，即 Zippo 选择了中国作为其试水服装业务的首站。

欧美消费者对 Zippo 的印象已经固化，通常觉得 Zippo 就是打火机，而 Zippo 通过调研发现，中国消费者对新生事物接受度较高，对 Zippo 的印象也没那么死板。由于 Zippo 1995 年才进入中国，因此中国的消费者接受 Zippo 的男士服装、香水、暖手炉等产品，要更容易一些。按照 Zippo 的计划，到 2015 年底要开设 50 家这样的店铺，2017 年这个数字将会达到 80 家。

传播地域的"跨界"，其核心就是企业根据不同区域的市场差异有针对性地采取不同的传播策略，更好地满足目标顾客的需要，更有效地占领市场。这种差异化传播不仅是基于地区目标顾客的不同，还基于地区文化、市场竞争态势等各方面的不同。

随着我国市场发展的日趋成熟，不同区域市场在需求、竞争、环境、渠道等方面的差异逐步显现出来，企业的传播活动就要从全国市场无差异传播走向区域市场差异化传播。

企业实施区域市场传播战略不仅可以更好地满足不同地区消费者的需求，还可以提高传播活动的针对性和效果。在今天这样的市场环境下，试图用一种统一的传播战略去适应不同的区域市场，是不现实的。如果不顾区域市场差异进行传播活动，可能导致企业在各个区域市场上的集体落败。

就产品本身而言，各企业给消费者的购买理由似乎都一致，比如：手机可以为沟通提供便利，汽水可以解渴，冰箱可以冷藏食物等，但是在竞争激烈的市场环境中，这远远不足以成为购买的理由，因为产品本身的功能是同质化的，而消费者的需求却是多样化、个性化的，在这种情况下，差异化就成了永恒的营销法宝！

1. 产品的原材料

每种产品使用的原材料都是不一样的，如果能够在自己的产品中渗入原材料的价值观，就会提高消费者对产品的信任，比如，仲景药业提出"药材好，药才好"的传播概念，就突出了产品的原材料优势，使消费者建立起对其产品的信任感。

再如，潘婷洗发水宣称，其成分中有70%是用于化妆品的，这样就更加肯定了其对头发的营养护理功效。如今，就连舒蕾推广的"小麦蛋白"洗发水也在试图通过原料成分来加强产品的价值感。

2. 产品的重量

每种产品的重量是不同的，在很多消费者看来，分量重是结实的表现；如果分量轻，就说明产品质量不好，因此，有的家具产品在推销中会强调产品的分量重。

3. 产品的大小

有些消费者喜欢体积大的商品，有些消费者喜欢体积小的，因此如果能够在产品的大小上做些文章，也是可以提高差异化水平的，比如，世界著名的"甲壳虫"轿车就非常"小"，风靡世界几十年。

4. 产品的手感

很多消费者购买商品的时候，会用手触摸，相信自己的手感。手感好，产品的质量就好；手感差，产品的质量就不好。因此，TCL广告中，李嘉欣便告诉大家"手感真好"，因为手感好也是消费者判断产品质量的简单而又重要的标准。

5. 产品的颜色

每种颜色代表的含义是不一样的，为了实现差异化，也可以在产品的颜色上下些功夫。比如，普通的牙膏一般都是白色的，可是，当出现一种透明颜色或绿色的牙膏时，人们就会觉得这牙膏肯定更好。高露洁有一种三重功效的牙膏，膏体由三种颜色构成，给消费者一种直观感受：白色的在洁白我的牙齿，绿色的在清新我的口气，蓝色的在清除口腔细菌。

6. 产品的味道

很多产品都是有味道的，如果发现某种商品有怪味，消费者肯定不会买。由此可知，如果想实现差异化，也可以在产品的味道上做文章。比如，牙膏一般都是甜味的，可是 LG 竹盐牙膏 反而是咸味的，很多消费者觉得这种牙膏好，这就是差异化的威力。

> LG 竹盐牙膏：
>
> 富含韩国传统配方竹盐的精品牙膏，可以全面呵护口腔健康。LG 竹盐牙膏最为大众所熟知的，就是其"三防"（防牙龈炎、防牙菌斑、防牙过敏）功效。此外，LG 竹盐牙膏具有天然杀菌消炎作用，能迅速恢复细胞组织，对口腔溃疡有良好的预防功效。同时，还对牙齿再矿化有明显的促进作用。

7. 产品的造型设计

如今，人们对于商品的需求，已经不满足于实用的需要，还注重产品样式的设计。同样是手机，摩托罗拉的 V70 手机，独特的旋转式翻盖就是其最大的卖点。

8. 产品的功能组合

组合法是最常用的创意方法，许多发明都是由此而来。比如，海尔的氧吧空调在创意上就是普通空调与氧吧的组合。而白加黑也是一种功能的分离组合，简单的功能概念却造就了市场的奇迹。

9. 产品的构造

"好电池底部有个环"，南孚电池通过"底部有个环"给消费者提供了一个简单的辨别方法，消费者只要一看到那个环就会联想到高性能电池。此外，海尔"转波"微波炉的"盘不转波转"也是通过强调结构的差异来提高产品价值感的。

10. 新类别概念

建立一个新的产品类别概念，最经典的当属"地球人都知道"的"老万"。"老万"在进入民用炉具行业时，大家都叫"采暖炉"，为了从纷杂的市场中"跳"出来，"老万"提出了"家用锅炉"的类别概念，单从名称上就显示出比其他采暖炉的高级。几年的营销传播下来，"家用锅炉"已经成为高级采暖炉的代名词，"老万"也成为炉具行业的第一品牌。

满足同一需求，其实还是正面竞争，但重新定义新品类概念，却让消费者面对了一个新的选择，一个新品类的选择。这时，企业享有的是一个品类的市场。

11. 具体目标市场定位概念

直接针对某具体目标市场也可以成为优秀的营销传播概念，比如百事可乐的广告语"新一代的选择"，清逸的广告语中加了句"年轻的选择"，反映出企业品牌运作水平的提高。

功能性差的产品，较多走感性路线，其中对目标市场的具体定位概念可以直接获得目标消费者的认可。功能性产品也可以通过具体目标市场定位概念强化其品牌"领地"。

12. 隐喻的概念

瑞星杀毒软件用狮子来代表品牌，以显示其强大的"杀力"；胡姬花通过隐喻概念——"钻石般的纯度"——来强化其产品价值；白沙烟用鹤来表现飞翔、心旷神怡、自由的品牌感受。不与产品或行业特点结合的隐喻显然是失败的，到头来只能是竹篮打水一场空，什么也得不到。

13. 企业的规模实力

如果企业在行业中具有一定的地位，也是很好的传播概念。如波司登一直称自己"连续 N 年销量遥遥领先"；虽然从来没听说过"瑞嘉"地板，但当看到其广告伞上印着"全国销量第二"的字样时，却一下子对该品牌放心起来。而最经典的当然还是美国自称第二的出租车公司："我们位居第二，所以更加努力。"

14. 企业的典故

一个企业的典故也能成为良好的传播概念，尤其是一些历史悠久的品牌，挖掘典故进行传播是一种有效的方法。如 王致和 的故事等。

> 王致和：
>
> "王致和"始创于清康熙八年（公元 1669 年），至今已有 300 多年历史。"王致和"作为地道的"中华老字号"，以其产品的细、腻、松、软、香五大特点备受广大华人消费者的钟爱。2008 年 6 月，"王致和腐乳酿造技艺"被正式列入国家级非物质文化遗产保护名录。

多星电器集团是山东小家电的强势品牌，"多星"的名字来源于中国第一颗人造卫星上有一种电子元件就是该厂生产的。但可惜的是，企业并没有把这一绝好的典故传播给大众。

15. 品牌的价格概念

对于一个价格上有优势的品牌来讲，小心地应用，价格也可以成为好的营销传播概念。比如，在神舟电脑的成功中，"四千八百八，奔四扛回家"的主题传播概念功不可没。

在直面冲突明显、价格敏感的行业，如手机、电脑、汽车等行业时，价格的概念比较多见，也比较有效。但在操作价格概念中，却不能让价格优势影响到消费者对产品品质的怀疑，而要通过传播副主题及其他营销传播方法提高产品的信任度。

16. 企业的事件概念

事件概念的传播也是威力巨大！事件营销要注意把握时机，如果能与社会上的热点话题联系起来，则会起到事半功倍的效果。2003 年的一大热点是"神五"飞天，"蒙牛"成功及时对接，有效地提升了品牌形象，是近年来少见的优秀事件营销传播案例。

17. 妙用"恐吓"概念

让消费者认识到现状的"可怕"从而试图改变现状是一种常见的营销手段。

英国的贝斯特牙刷大肆宣传自己牙刷的柔软，不伤害牙龈，但市场反应并不好，经调查发现，原来大家没有意识到自己用的普通牙刷对牙龈有什么危害，于是在新的广告中安排了这样一个情节：先用一支普通牙刷在一个西红柿上刷来刷去，很快西红柿外皮就破掉，流出了"血水"，画外音说：你每天都在这样刷牙吗？然后，换用贝斯特牙刷在西红柿上刷来刷去却没有破皮，这时再说：贝斯特牙刷不会伤害你的牙龈！

这支广告"吓"坏了英国人，很多人一刷牙就想到那个可怕的"流血"的西红柿，总感觉自己的牙龈要出血。于是，只好选用贝斯特牙刷。

18. 产品卖点（利益）的组合

产品功能（利益）的细分是提炼营销传播概念的重要来源，但是，逆向思维下的重新组合也能产生对市场有效的好概念。在美国的香皂市场，"象牙"是柔和型、"舒肤佳"是除菌型、"卡美"是保湿型、"依斯特"是清新型，各自都依靠清晰的功能定位概念牢牢占据了一块市场，可是"李沃2000"却打出了既除菌又保湿的概念，用了短短 6 个月，就从各大巨头碗中抢走了 8.4% 的市场份额。

> 舒肤佳：
>
> 宝洁公司日用品品牌之一。作为全球著名的个人清洁护理品牌之一，一直引导儿童养成良好的卫生习惯。在中国，其旗下产品包括沐浴露、香皂、洗手液及活力运动系列。

19. 神秘的技术概念

有的时候，一项新技术被应用到产品中后，需要用一个消费者感觉明显的概念来传达；有的时候，一个技术上的简单改进也可以成为营销者的概念利器。人们都不知道脑白金的"脑白金体"是什么东西，但都觉得在"脑白金"里含有一种"神奇"的成分，所以就觉得有效、买得值。因为对消费者来说，"神秘"的东西都是值钱的。

20. 广告传播创意概念

通过广告创意寻找概念也是常用的方法，优秀的广告人总能为产品找到绝妙的创意概念。广告总要表现利益或价值，但需要找到一个直观的、微妙的东西来表现。这种微妙能够直达消费者内心深处，生动而形象地给大家的潜意识加以暗示，而恰当暗示的力量是大于直白表述的！比如，"农夫果园摇一摇"、"乐百氏 27 层净化"、"金龙鱼 1∶1∶1"都属此类型。

21. 合理利用专业概念

专业感是信任的主要来源之一，也是建立"定位第一"优势的主要方法。因此，制造专业概念也是提炼营销传播概念的有效方法。

示爱的最快捷方法是直接说"我爱你"，所以，很多品牌在塑造专业感时经常直称专家：方太——厨房专家，华龙——制面专家，中国移动——移动通信专家，李医生——皮肤护理专家，九牧王——西裤专家，老万——家庭热能专家，金城——中国摩托车制造专家。虽说喊的人多了难免俗气，但对于市场来说还是有效的；消费者相信，自称专家的一定是专家，号称专家的一般都是行业第一或最好的。

22. 建立"老"概念

时间长会给人以信任感，因此，诉求时间的概念也是一种有效方法。而且，时间的概念感觉上越老越好，如 玉堂酱园 ——始于康熙五十二年，青岛啤酒——始于 1902 年，老字号品牌一定要注意提炼自己的时间概念。其实，不是很老的品牌也可以提炼相对"较老的概念"，如"18 年制造经验"等也可以作为时间概念。

> 玉堂酱园：
>
> 　　现名济宁玉堂酱园有限责任公司，始建于1714年，至今已有300年历史，是鲁西南地区唯一的"中华老字号"企业。玉堂品牌是全国酱菜调味品行业四大名牌之一，拥有独特的经济价值和文化价值，是济宁经济发展中宝贵的无形资产。

　　当然，还有一些品牌制造了"老"的概念，如有家刚成立几年的眼镜店起了个古色古香的名字，把店面装修得古色古香还自称百年老字号。这种做法，从某个角度来讲是不符合道义的也是不合法的，但对市场的确是很有效的。

23. 产地概念

　　许多产品具有鲜明的产地特点，如北京的二锅头、烤鸭，山东的大花生，新疆的葡萄，还有我们常说的川酒云烟等。对于这些地域特色强烈的产品来说，提炼地域概念显然是很有效的方法。如云峰酒业的"小糊涂仙"、"小糊涂神"、"小酒仙"等都在宣称"茅台镇传世佳酿"；"鲁花"花生油宣称"精选山东优质大花生"等。

　　产地概念还体现在担保品牌策略的提炼，如别克——来自上海通用汽车。大品牌推出新产品时经常用到该方法，上市初期强调出身是很有效的，可以迅速建立信任度。如第一次看到"顺爽"的广告时，由于广告创意不好，立刻感觉又是哪儿来的杂牌子，但看到丝宝集团出品时却一下子打消了对该品牌的顾虑。

24. 具体数字概念

　　越是具体的数字，给人的信任感越强。因此，挖掘产品或品牌的具体数字也是常用的方法。如"乐百氏 27 层净化"、"总督牌香烟，有 20000 个滤嘴颗粒过滤"等都是对该方法的具体应用。

25. 服务概念

同样的服务，如果有一个好的概念则能加强对品牌的美好印象。例如，海尔提出的"五星级服务"也为其"真诚到永远"做出了不小的贡献；另外，"24 小时服务"、"钻石服务"等都是不错的服务概念，在加强品牌美誉度方面起到了不可忽视的作用。

26. 促销概念

同样的促销活动，如果冠以好的传播概念，则会带来截然不同的品牌感受，使促销活动增加许多"正义"色彩。如某笔记本电脑品牌的降价促销概念叫作"笔记本普及运动"；家庭热能专家——老万，在大力推广家用锅炉的活动中，以"暖居工程"为推广概念，获得了无数的支持。

27. 节日概念

"每逢佳节数倍销售"，节日期间有了促销的理由，因此是各品牌的销售旺日，大家都盼望节日的到来，可是聪明的商家懂得自造节日。

商场是自造节日最多的地方，如济南的人民商场每年的"感恩节"总是人山人海，十天的"节日"期间，销量顶得上平时的几个月。家电商场经常有"电脑节"、"彩电节"，看似没什么意思，其实很具销售力。

28. 上市概念

概念无处不在，好的概念会给人带来新的感受。在过去，产品上市概念无非是"隆重上市"等，在新市场环境中，便开始各具特色：洗衣粉——洁净上市，饮料——清凉上市，家用锅炉——温暖上市，服装——动感上市，家居用品——温馨上市，方便面——弹跳上市。

29. 副品牌名称的概念

副品牌名称的提炼也是建立品牌印象的重要方法，可以直观地实现单类产品的品牌概念化，而且好的副品牌名称能集中体现出产品特点，成为概念的集中点。如海尔洗衣机中的"小小神童"，将产品本身小巧方便的特性集中体现出来，比起常规的技术编号推广形象贴切得多，显然对市场是有效的。

"老万"在 2003 年推出了四款家用锅炉，产品特点各不相同，对"谁说火气大就不美丽了"的一款冠之以"丽能"，"省煤就是省钱"的一款冠之以"洁能"，"燃烧彻底，超强热力"的一款冠之以"超能"，"火热内'心'"外观雅致的一款冠之以"雅能"。形象贴切的副品牌名称概念非常有利于丰富产品卖点，于销售推广非常有利。

30. 其他

伴随主题概念的产生，还需要在营销传播的各个方面进行概念配合以强化核心（价值）概念。比如，在为某乳业品牌确立了"新鲜"的传播主题后，运输车辆起名叫"新鲜快车"，投递队伍则叫作"新鲜快递"，DM 手册叫作"新鲜营养手册"等，有效地强化了"新鲜"的品牌形象。

之所以要提炼营销传播概念，无非就是要寻找自己的差异，可是，在实际操作中，可能还需要各种差异化组合来形成更大的差异化，比如农夫果园，从产品本身的构成、包装的容量和外形、广告创意概念等各个方面建立差异化。

有的品牌会提炼出好几个好的概念，这时候就要指定主题与副主题并制定概念的应用规范，形成并加强统一的品牌形象。如玉堂酱园做品牌规划时，作为一个具有 300 年历史的老字号品牌，有几个宝贵的传播概念不能丢，只能根据整体品牌形象定位的要求制定应用规范。例如，玉堂酱园规定："始于康熙五十二年"必须在"玉堂酱园"字号下以小字出现，而慈禧太后题的"京省驰名，味压江南"则必须在终端的对联上出现等。

◈传播对象的"跨界"，受众是重点

互联网企业与传统电视媒体以往的合作主要是以简单的品牌展示、媒体内容购买为主，近几年随着营销形式的进步，"跨界"合作变得更加频繁。

2012年集合了都市情感、青春励志、职场商战等多种元素的电视剧《浮沉》自开播以来备受瞩目，收视率一路飘红。其中，剧中女一号"乔莉"可谓是伊利金典奶的忠实拥趸。此次是伊利继植入热播剧《心术》之后，再次联姻电视剧。目标受众的天然契合，完美剧情的搭配使得金典有机奶"有机关爱"的品牌主张展现得淋漓尽致。

女主角乔莉之所以挚爱金典，一方面是因为金典有机奶将香醇口感、丰富营养与优异品质融为一体，虏获了她的芳心；另一方面则是乔莉希望通过金典有机奶向家人朋友传递关爱之情。

除了直接的产品植入外，片中还融入了大量的道具植入及产品展示、品牌植入及背景展示，以塑造全方位的顶级植入品牌效果。例如，伊利通过剧中出现的"天赐的宝贝，给最爱的人"等海报画面，再加上剧情的细节渗透，向观众传递出了"给最爱的人"这一主张，体现出对亲朋好友的关爱。

伊利：

　　伊利集团是唯一一家同时符合奥运会及世博会标准、为 2008 年北京奥运会和 2010 年上海世博会提供服务的乳制品企业。在荷兰合作银行发布的"2015 年度全球乳业排名"中，伊利乳业蝉联全球乳业 10 强，继 2014 年后再次成为全球乳业第一阵营中的唯一亚洲乳企。

　　伊利与电视剧的"跨界"营销合作，打破了传统意义的产品植入方式。在"跨界"营销方面有丰富经验的伊利，为什么会选择与《浮沉》牵手呢？究其原因，主要是《浮沉》的观众群体与金典有机奶的目标受众具有高度的契合性。

　　《浮沉》主要讲述的是职场菜鸟变职场精英的故事，其收视人群主打职场中人和商界精英；而伊利金典有机奶的目标消费群体则是高端人士，此处的"高端"既包括消费能力也包括对健康的认识。两方受众不仅年龄契合度高，更重要的是他们更加注重营养健康。

　　传播对象的"跨界"，受众是重点。除了伊利对这一点深有感悟，就连辣妈帮也是如此！

　　辣妈帮，是女性必备的手机移动应用社交平台，其将"跨界"营销与O2O结合在一起，独创了一种移动母婴社区新玩法。在互联网行业，"跨界"营销与O2O早已不是新鲜的话题，但是将其融为一体，对于移动母婴社区而言还是首次。

　　辣妈帮的核心优势在于其对精准用户的数据挖掘及社会化运营能力。它采用"跨界"的方式，与其他品牌合作，把精准用户推送给合作品牌，给用户和合作品牌双方带来了更多的价值，带来了服务的全新立体感和纵深感。之后，再进行社会化运营，导流至合作品牌，促使更多人购买合作品牌。那么，辣妈帮是怎么玩的呢？

1. 联合影视资源，融合 O2O 线下生活服务

例如，电影版的《咱们结婚吧》是一部浪漫爱情喜剧，反映了当下"80后"、"90后"的婚恋状况，包括"恨嫁"、"恐婚"、"逼婚"、"悔婚"、"复婚"等，有着很强的矛盾冲突，中间不乏催泪的段落。这部影片的受众群体定位为"80后"、"90后"，内容定位为时尚、正能量，同样的受众及内容定位使两家企业的合作成为了水到渠成的事情。

在这次"跨界"营销中，辣妈帮作为主要网络沟通平台，在线上制作了"生升两难"等现实婚姻话题在社区炒作，引导受众进行网络互动，掀起热度。

影片上线后，辣妈帮推出了观影活动，妈妈代表们走进院线与影片零距离接触，并撰写观影心得在社区进行二次传播，导流妈妈网友去影院购买电影票。

借助辣妈帮，《咱们结婚吧》传播覆盖超过 570 万用户，论坛、官方微博、微信互动总量近 17000 次。《咱们结婚吧》5 天票房近 2 亿元，辣妈帮功不可没。

2. 和互联网企业合作，本地化 O2O 生活服务

辣妈帮与互联网 O2O 企业的"跨界"合作，走的则是围绕妈妈生活，打造本地化 O2O 生活服务的道路。比如，辣妈帮与 UBER 合作。

辣妈帮为辣妈们定制了线上叫车、线下辣妈同城交友活动，这也可以看作是 UBER 在垂直细分人群中的再一次深耕探索。在这场名为"一路有你"欢乐家庭日的活动中，辣妈帮征选了 10 组幸运家庭参加，UBER 则出动了高端轿车奥迪 A6 全程陪同，为辣妈和萌宝们保驾护航。

辣妈帮贴心地在每辆奥迪 A6 上配备儿童安全座椅，放置了辣辣公仔大礼包。可爱的萌孩子们在帅气的 UBER 司机的帮助下坐上安全座椅，然后就会拿着美丽的辣辣公仔玩起来。

在深圳观澜湖俱乐部，辣妈、帅爸、萌宝们一起度过了快乐的一天。设计巧妙的游戏环节，让辣妈和帅爸重温了热恋时的感觉。辣妈们在游戏中与"线上闺蜜"更加熟络，将友谊从线上发展到了线下。

辣妈帮结合自己对精准用户的数据挖掘及社会化运营能力，在对手还在探索、苦无出路之时，首先创新了模式，其抢滩风口的行为值得所有移动母婴社区认真应对。

这个事件告诉我们，"跨界"营销也好，营销传播也好，必须关注受众的心理，增强娱乐化、个性化、话题性、互动性，甚至恶搞。企业如果不关注这一趋势，"跨界"营销和活动促销是很难打动如今的消费者的。

这里还有一个案例：网易邮箱 "娱乐"、"跨界"。

网易邮箱：

在中国的市场占有率自 2003 年起至今，一直高居全国第一。截至 2012 年 8 月，网易邮箱旗下 8 个邮箱子品牌（163 免费邮、126 免费邮、yeah 免费邮、163VIP、126VIP、188 财富邮、专业企业邮、免费企业邮），用户数已达 5 亿个，在中国邮箱行业领跑市场。

江苏卫视播放的《非诚勿扰》里，男嘉宾面临全体女生的"灭灯"，是否意味着他此次相亲将一无所获？恰恰相反！导播会将男嘉宾的电子邮箱公布在屏幕上数秒钟。这数秒钟或许能够给这位男嘉宾带来成百上千的"绣

球"。据节目组透露，有相亲失败的男嘉宾因为邮箱的公布，收到了上百封"求爱信"。

这数秒钟的邮箱账号公布，作为邮箱服务商的网易公司，只要利用自己的传播资源就可以冲抵应该为此支付的广告推广成本。而电视台的栏目通过强强联合，不仅扩大了自己的传播面，还间接提升了广告效果，双方借力对方资源，实现了推广零投入，取得了双赢的效果。对于网易邮箱来说，将网易邮箱元素简单却巧妙地植入，远胜于简单的屏幕展示 LOGO。

青海卫视的《花儿朵朵》赛事进入五强时，网易邮箱切入合作，以"上网易邮箱给《花儿朵朵》写信"为主题，发挥电子邮件的深度沟通方式，在邮箱通讯录中加入《花儿朵朵》节目组的官方邮箱与五强选手的个人邮箱，粉丝们可以直接发送邮件。

其实，《花儿朵朵》与网易的合作完全是资源互换。双方都是媒体，各自有相应的资源，合作能够取得更好的传播效果。资源互换就这么简单：网易邮箱在三大免费邮箱的通讯录中添加了《花儿朵朵》的官方邮箱，用户只要登录自己的网易邮箱点击"写信"，便可以直接点击写信界面右侧通讯录中的"《花儿朵朵》官方邮箱"直接发送邮件。《花儿朵朵》节目组则专门制作了选手邀请粉丝写邮件的视频，并在节目中穿插个别粉丝邮件内容宣读，直播加现场曝光同样也对粉丝形成一种激励。

网易自 2000 年先后创立了三大邮箱品牌以来，发展至今已号称有 3 亿多用户，占国内邮箱领域近 60% 的市场。可是，近两年来面对竞争对手的疯狂追击，网易邮箱不得不为保持领先优势而开展营销推广。

据业界透露，整个电子邮箱 Web 页面活跃度、用户在 Web 页面停留的时间正处于逐年下滑状态，邮箱页面活跃度遭遇前所未有的"滑铁卢"，众多邮箱大鳄需要共同面对的一个劫难性的问题：如何提高电子邮件的收发频率？

如何提升个人邮箱用户在邮箱 Web 页面的活跃程度？如何把用户从即时通信拉回 Web 页面？这是邮箱服务公司面临的重大问题。

如今是"80 后"和"90 后"群体主宰的时代，他们崇尚个性张扬，如何把握住这类群体，将一个老的品牌再次点燃市场，是邮箱产品的关键出路。

网易邮箱与国内两个热门娱乐节目高调合作，切入点很明确，以"娱乐的网"带动"邮箱的网"。在两套节目中，网易都采取了相同的模式：第一，为每个选手配备专用邮箱；第二，为粉丝分别开辟点对点的交流通道；第三，通过电视屏幕直接让 163 邮箱曝光；第四，通过娱乐名人代言邮箱产品。

互联网企业与传统电视媒体以往的合作主要以简单的品牌展示、媒体内容购买为主，近几年随着营销形式的进步，"跨界"合作变得更加频繁。

❖ 传播媒介的"跨界"，选择是关键

选择传播媒介，应当根据要传播的内容而定，因为各类传播媒介在传播方式、传播可信度、及时性等方面都有较大差异。如果是促销活动，报纸、电视、广播媒体最及时；如果是一篇含有大量技术资料的软文，一些专业杂志就是最佳之选。

所谓传播媒介，是指传递信息的工具和手段，比如杂志、网络、报纸、广播、电视、手机等与传播技术有关的媒体。

以传播媒介的发展演变为依据，人类的传播大致经历了语言传播时代、口语传播时代、手抄文字传播时代、印刷文字传播时代、电子传播时代，到

今天的数字网络传播时代这几个阶段。从这个发展演变历程可以看出，媒介作为传播的基础，它的每一次变动都会把我们引入一个全新的传播时代。

陆金所的"跨界"玩法就延伸到了黄金饰品与黄金投资领域。

陆金所是国内最大的网络投融资平台，其 P2P 线上交易服务位列全球三甲，个人注册用户已超过 580 万人。陆金所不仅以安全、高效、稳健的网络投融资服务被市场认可，同时还向用户提供高质量的增值服务。

周大福 是中国内地及港澳领先的珠宝商，已有 80 多年历史。其于 2011 年 12 月在香港联合交易所主板上市，是全球市值最大的纯珠宝商。周大福拥有庞大的零售网络，在大中华区、新加坡、马来西亚等地零售点共逾 2100 个，遍布 480 多个城市。近年来，周大福积极扩展电子商务领域新市场，与多个电子商务平台进行合作。

周大福：

　　郑裕彤博士及其家族拥有的一个实力雄厚的私人商业集团，总资产值超过 50 亿美元，所经营的业务遍布全世界，每年销售额居市场第一位。2011 年 10 月 1 日，周大福宣布正式进军电子商务市场，推出电子商务平台——周大福网络旗舰店。

2015 年 2 月，陆金所与周大福宣布进行战略合作，周大福黄金饰品入驻陆金所"陆米世界"，未来双方还将共同为陆金所用户提供定制黄金饰品，并拟推出黄金系列的互联网投融资服务。

陆金所与周大福的正式合作从 2015 年的 2 月 10 日开始。2 月 10 日起，陆金所个人注册用户将可以在"陆米世界"购买周大福黄金饰品，还可以兑换周大福尊享抵用券。该抵用券可以在周大福全国2000多家门店以及网络旗舰店中兑换使用，并且不影响享受周大福其他优惠活动。

根据双方战略合作规划，陆金所与周大福会为陆金所用户提供包括羊年新春金饰品等多款黄金饰品，未来也会推出定制个性化黄金饰品服务。

黄金是世界通行的财富保值、增值工具，不仅被众多国家央行作为国家储备，也是个人及家庭重要的投资品种之一。未来，陆金所将与周大福共同推出黄金系列的互联网投融资服务。通过与周大福的战略合作，陆金所不仅在"陆米世界"的商品与服务中增加了更多选择，提升了用户体验，而且陆金所拟与周大福共同推出黄金系列的网络投融资服务，将会为用户提供更丰富的投资服务。

其实，从2014年下半年以来，陆金所的"跨界"合作一直延续不断。从电影到网络热播剧，再到国内最大的网络知识社群之一逻辑思维，陆金所一系列的"跨界"创新突破了金融给人的"冰冷"的刻板印象，打造出了"有温度"的金融服务。陆金所再次"跨界"与珠宝商周大福进行战略合作，又将"跨界"创新发展到了一个新的高度，形成了客户与合作双方的三赢局面。

今天的中国企业，可以选择的传播媒介很多，既有传统的，也有现代的，而传播媒介"跨界"的关键，在于找到适合自己的一个传播媒介。要如何选择呢？有以下几个因素需要考虑。

1. 你的目标人群是谁

不同的传播媒介，其受众是有极大差异的，听广播的多是中老年人，看报纸杂志的多是白领办公一族，而上网的是年轻人多一些，即使是同一种媒介，也有巨大差异，以电视为例，不同的电视台、不同的电视栏目，其受众都不一样，那么你的目标人群都接触哪些传播媒介呢？

2. 你要传播什么样的内容

选择传播媒介，应当根据要传播的内容而定，因为各类传播媒介在传播方式、传播可信度、及时性等方面都有较大差异。如果是一次促销活动，报纸、电视、广播媒体最及时；如果是一篇含有大量技术资料的软文，一些专业杂志就是最佳之选。

3. 你的传播目标范围有多广

每一个传播媒介，都是有其传播范围的，报纸、电视、广播都会分全国性和地方性两大类，因此必须确定自己想要传播的目标人群所在的地理范围，进而选择与之相适应的传播媒介。

4. 你的传播预算是多少

传播媒介的选择要受到传播预算的制约，尤其是那些"囊中羞涩"的中小企业。

在既定的传播预算下达到最好的传播效果，是每个企业都希望的。传播媒介虽然不能完全决定传播效果，决定传播效果的还有传播内容、传播方式等诸多因素，但传播媒介是这些影响因素中最基础的。传播媒介的选择，包含两个层面的含义：一是选择哪个媒介；二是选择哪些媒介。对于后一个问题，就是媒介组合策略的制定。

所谓媒体组合，是指在同一时期内运用各种媒体，发布内容基本相同的广告。媒体组合是大中型企业常用的媒介策略，它比运用单一媒体的广告效果要大得多：任何一种媒体都不可能覆盖广告的全部目标市场，因此广告主在策划一个广告活动时，往往不会使用单一的广告媒体，而是有目的、有计划地利用多种媒体来开展广告活动。

媒体组合不仅能使广告对象接触广告的机会增多，还能造成一种大的声势，因而容易引人关注。从这个意义上来说，传播媒介的"跨界"往往不是单一的，传播媒介的"跨界"往往伴随的是传播形式或手段的"跨界"！

❈传播形式的"跨界"，创新是根本

从古到今，出奇制胜的案例不胜枚举，从军事战争、政治外交，到企业的市场行为、商业活动……往往使"出奇"者获胜，而对于企业的传播活动来说，既要创"新"，也要造"奇"。其实，这两者是相辅相成的，"出奇"的传播，可以为传播的吸引力加分。

在今天这样一个广告漫天的市场环境中，面对日益成熟和个性化的消费者，很多领导者越来越悲哀地发现：消费者对企业的广告开始投以一种不信任、不耐烦的目光，广告的作用似乎越来越小，但是又不能不打广告，于是就形成了这样一个怪论：打广告有用吗？不打广告肯定没用！

问题出在哪里呢？企业自身！消费者需要的不是广告，而是一个更可信的消费顾问和一套更实用的解决方案，只有在传播理念和模式上进行创新，提高传播的可读性和可信度，才能有效提升传播对消费者的吸引力。

2015年1月，由华润万家联合好豆网、乐视影业共同举办的线下亲子活动在杭州拉开帷幕。在华润万家杭州濮家店现场，有8组亲子家庭参加，这次活动不仅会教会小朋友一些生活常识，还为家长搭建了一个更好的互动平台。

华润万家：

　　中央企业——华润（集团）有限公司旗下的零售连锁企业品牌，隶属于香港联交所上市公司华润创业有限公司，坚持"时尚、品质、贴心、新鲜、低价、便利"的经营理念。经过24年的发展，已经成长为中国最具规模的零售连锁企业品牌，是华润零售业务的主力军。

　　此次活动由华润万家和好豆网、乐视影业三方联合主办。整场活动与《爸爸去哪儿2》大电影相呼应，以动手制作食品为主。第一项任务就是抽签，进入华润超市以最快的速度找到贴有好豆菜谱标签的与任务一致的食材，最后孩子与家长共同完成制作。整场活动弥散着紧张的气氛，同时欢声笑语不断，引来了很多路人的围观。

　　华润万家从事的是与百姓生活紧密联系的零售行业，坚持"时尚、品质、贴心、新鲜、低价、便利"的经营理念，而此次联合好豆网玩"跨界"是看中了双方共同的经营理念。

　　作为传统零售企业，这是华润万家首次进行"跨界"尝试。在互联网多元化的信息时代，华润万家早已不满足线上O2O模式的营销活动，转为线下的"跨界"营销理念。此次"跨界"对于华润万家近4000万会员还有意外惊喜，他们除了可以参与其中，更可以以19.9元的特价独享电影票。

　　新闻性软文报道会通过新闻的形式和手法，多角度、多层面诠释企业文化、品牌内涵、产品机理、利益承诺，传播行业资讯，引领消费时尚，指导购买决策，更真实、更生动，也更可信；产品硬广告则突出品牌形象，强调产品核心卖点，还会附加一些促销、价格、售点等其他基本广告信息。

　　这种模式有利于引导市场消费，可以在较短时间内快速提升产品知名度。

因此，要想突破传播瓶颈，企业就应该对传播形式、手段不断地创新，努力发现、打造适合自身的、独特的传播模式。

那么，企业如何才能找到这个"独特的传播模式"呢？在这个过程中，企业要注意两个方面：

1. 敢于"跨界"创新

很多行业本身有一些固有的传播模式，这些传播模式是与行业自身的一些特点相适应的，比如，医药保健品行业喜欢软文传播、会议传播，这些传播模式都是行业发展智慧的结晶。

因此，要把传播创新的视角投向所有的行业，乃至更广阔的社会领域，去借鉴和吸收一些可以为我所用的传播手段，比如：西安杨森的采乐药物洗发水，就是采用保健品手法操作洗发水的。

> 西安杨森：
>
> 中国最大的合资制药企业，美国强生公司在华最大的子公司，成立于1985年，总部设在北京，生产基地位于西安。公司业务包括生产和销售高质量的药品，产品主要涉及：胃肠病学、神经精神学、变态反应学、疼痛管理学、抗感染、生物制剂和肿瘤等领域；还致力于提供与健康相关的服务及开展大众健康教育。

一直以来，去屑洗发水市场都是一个高度竞争的市场，所有的洗发护发品牌几乎都包含去屑的品种，海飞丝、飘柔、风影、百年润发、好迪、蒂花之秀、亮庄、柏丽丝……大家都看到了去头屑市场的巨大空间。

不可否认，经历多年的市场培育，海飞丝的"头屑去无踪，秀发更出众"早已深入人心。人们只要一想到去屑，第一个想到的就是海飞丝。当然，还有一款成功的去屑洗发水，那就是风影。伴随着风影"去屑不伤发"的承诺，它也在这个领域拥有了一席之地。市场调查资料显示，去屑的大部分市场份额被少数品牌所占据，其他众多品牌瓜分剩余的小块市场份额，两极分化十分严重。

在这种情形下，西安杨森独辟蹊径，瞄准"药物去屑"，推出了采乐去屑特效药，为自己开辟了一方市场空间，同时，它的营销模式和整合传播推广手段也引起了业界人士的关注。

2. 注重出奇制胜

正所谓"出奇兵者，无穷如天地，不竭如江河"。从古到今，出奇制胜的案例不胜枚举，从军事战争、政治外交，到企业的市场行为、商业活动……往往是"出奇"者获胜，而对于企业的传播活动来说，既要创"新"，也要造"奇"。其实，这两者是相辅相成的，"出奇"的传播，可以为传播的吸引力加分。

如今，"出奇制胜"，成为了众多汽车品牌的营销突围之道。在新的营销世界，广告预算和媒体声量并不一定成正比。巧妙、独特、不走寻常路的营销策略，更能起到四两拨千斤的效果。最近，汽车品牌与互联网品牌之间的"跨界"合作，更是激情四溢！

（1）LEXUS 和乐视手机合作，探索下一个未知。

LEXUS（雷克萨斯）：

　　全球著名豪华汽车品牌，创立于1983年，仅仅用了十几年的时间，在北美便超过了奔驰、宝马的销量。1999年起至今，其连续位居北美豪华汽车销量第一的宝座。

一个手机新品的发布会，与汽车品牌有何关系？在"无生态，不超级"乐视超级手机全球发布会上，LEXUS也堂而皇之地现身了。发布会上除了手机相关内容之外，乐视CEO还宣布了与LEXUS的"跨界"携手，实现了在产品宣传上的"跨界"合作。

以"探索下一个未知"为契合点，品牌双方进行了一次品牌推广和用户拓展上的双赢。

LEXUS中国副总经理表示："我们欣赏和尊敬乐视在互联网领域不断探索、不断制造惊喜的企业精神。无论是乐视还是雷克萨斯，都从用户需求出发，坚信永远有下一个未知存在，并为之孜孜以求地不断探索。"

（2）smart和大众点评携手，营造营销生活新方式。

汽车品牌能够在一个生活服务类APP上进行独家售车吗？近几年来，smart一直都在尝试全新的互联网营销，从2010年smart第一次进行淘宝团购，2012年smart联手京东发布"流光灰"特别版，到2013年smart携手新浪微博独家发售限量版车型等，再到如今的smart携手大众点评，毫无疑问，smart在生活方式营销的道路上越走越远，离目标受众越来越近。smart真正做到了通过生活方式触及其目标受众。

在"真礼，掌握在试过smart的人手中"的独家售车活动中，只要消费者预约试驾即可获得200元的大众点评现金券，如果预付88元线上购车，购车成功后还能获得1000元的大众点评现金券。如此，smart将自己的O2O营销模式进行了再次延伸，不再局限于传统的电商平台，而是扩展到了生活服务类的移动端。

（3）Jeep联合微信电影票，深度捆绑"速7"。

电影票的在线选购平台与汽车品牌如何擦出火花？好莱坞巨制《速度与激情7》，成为了中国内地影史的票房冠军。在《速度与激情7》正式在中国内地公映前，Jeep 和微信电影票的 "跨界" 合作就已达成。搭载微信电影票的广阔平台，Jeep 倾情助力，引发影迷观影热潮。

这次深度合作，之所以钟情于《速度与激情7》，一方面是影片自身具有超强的票房吸引力，另一方面是 Jeep 四驱利器牧马人在影片中也有精彩的表现，更重要的是影片对 Fast、Furious、Freedom 的诠释与 Jeep 所打造的品牌文化相契合。在造就电影票房奇迹的同时，也增强了 Jeep 品牌的传播效果。

对于中国企业来说，我们不能再固守以前的一些传播模式，尤其是当这些传播模式已经被消费者越来越熟知和厌烦的时候，必须加快创新的脚步，打造自身 "独特的传播模式"！

营销的核心在于出奇制胜和不断创新，从常规的营销环境中捕捉市场机会，企业营销如果囿于常规的思维方式，其营销理念及其策略相互雷同，久而久之就会对消费者缺乏吸引力。

❖ 传播内容的 "跨界"，独特是核心

传播内容，也就是要 "说什么" 的问题。在一个市场不断同质化的时代，一个好的传播诉求，无疑可以成为突破重围的有力跳点，成为赢得消费者青睐的一个重量级砝码。

让衣恋餐饮管理有限公司餐饮事业部总经理及总裁秘书长兴奋的，不是这家韩国最大的时装流通公司在华的新服装专卖店，而是一家开在上海金桥国际商业广场，叫作 "Ashley" 的主题餐厅。从 2012 年 12 月 12 日开业至

今，其一天的营业额平均可达到 5 万元。

这家美式主题餐厅以岩烧牛排、Pizza 和 Pasta 等西餐为推荐菜式，提供 154 道菜品，让人很难联想到它与百货商店里卖衣服的 衣恋 有什么关系。但衣恋在韩国本土很早就开始涉足餐饮，现有 Pizza Mall、Ashley、Lugo Coffee 等不同种类的餐厅，其中 Ashley 和 Lugo Coffee 是在韩国排名靠前的餐厅。

衣恋：

　　韩国著名成衣品牌。在韩国、中国、美国、英国、越南和斯里兰卡六个国家拥有 11 个分支机构，旗下拥有 E·LAND、TEENIE WEENIE、ROEM、EBLIN、PLORY、SPAO 等众多品牌。衣恋诞生于 1980 年，在进入中国大陆之前，此品牌服饰一直出口美国，主要的对象是美国的大学生。

1994 年，衣恋在韩国开设了第一家 Pizza Mall，是当时在韩国首家尝试新业态的服装企业。时至今日，餐饮已成为衣恋除服装之外的第二大业务，并占到集团将近 10% 的份额。

衣恋利用通过时装产品构建起的流通网，采取进驻百货商店或购物中心的直接经营方式，实施高档、本土化战略，以每年 300 万亿韩元的规模开拓中国餐饮业市场，计划在 2016 年增加至 200 家，实现年销售 200 万亿韩元。此外，衣恋旗下的 Lugo 咖啡厅中国 1 号店也于 2012 年 9 月开业，其计划是到 2016 年将这个数字扩大到 1000 家。

传播内容，也就是要"说什么"的问题。在一个市场不断同质化的时代，一个好的传播诉求，无疑可以成为突破重围的有力跳点，成为赢得消费者青睐的一个重量级砝码。

对于这一点，广告人克劳德·霍普金斯有这样一个经典案例：

为了提升自身的市场占有率，喜力啤酒需要进行一次广告活动。霍普金斯在进行本案例时，做了大量的研究分析，最后发现大多数啤酒广告都是在宣传自身啤酒的"纯"。很显然，这个广告诉求不能打动消费者，对于消费者来说是无效的信息。那么，应该在广告表现中"说什么"才能打动消费者呢？

霍普金斯选择了完全不同的广告信息，他在一则经典的广告中说："我们的瓶子是用蒸汽清洗的！"向消费者"传播"巨大的过滤器是怎样工作的、怎样清洗水泵和管道、机器是怎样将瓶子清洗了四遍、怎样从 4000 英尺的地下获取纯净水……使得喜力啤酒的销量大增。

后来，"实效主义"营销大师罗素·瑞夫斯就提出了著名的 USP 理论，即独特的销售主张，意思是一个广告中必须包含向消费者提出的销售主张，这个主张要具备三个要点：一是利益承诺，强调产品有哪些具体的特殊功效，能给消费者提供哪些实际利益；二是独特，这是竞争对手无法提出或没有提出的；三是强而有力，要做到集中，这是消费者关注的。

按照这一理论，企业在开展传播活动时，其传播内容或诉求必须具有差异性。这种差异性还必须满足两个条件：利益承诺和强有力，而传播内容的"跨界"，核心就是要通过"跨界"的嫁接获得差异化的传播诉求。

2015 年 8 月 26 日下午，比亚迪"唐战番邦"活动在中兴通讯深圳总部开幕，随着中兴通讯股份有限公司总裁史立荣与比亚迪公司董事长兼总裁王传福携手登台，两个不同领域的企业"跨界"合作正式启动。

比亚迪：

创立于 1995 年，2002 年 7 月 31 日在香港主板发行上市，公司总部位于中国广东省深圳市，是一家拥有 IT、汽车和新能源三大产业群的高新技术民营企业。在广东、北京、陕西、上海等地共建有九大生产基地，总面积近 700 万平方米。

在"天机"展台前，双方透露了中兴 AXON 天机与比亚迪的合作内容。为了提升智能操控性能，用户可以借助安装了比亚迪 APP 的中兴 AXON 天机，体验遥控智能开锁、远程启动车内空调及远程驾驶、智能语音导航等高智能化应用。

随着科技的不断进步，人类对汽车"移动互联、智能操控"的想象将被不断实现、刷新和改变。中兴与比亚迪一起，在无线充电、车联网等诸多领域展开深入合作，着实独特！

产品传播内容的"跨界"创新，不能脱离产品本身的核心竞争力，应该是这种核心竞争力的强化。产品的核心竞争力一般表现在：突破性或卓越的功能，新技术、新原理、新材料，时尚的款式、外观，人性化的设计，过硬的质量和到位的服务，独特的产品文化内涵等。

第五章 避开认知误区，
保证顺利"跨界"

❖认知模糊，将"跨界"当转型

所谓"契合度"，从企业角度看，指的是"战略磨合度"；从消费者角度看，则是"感觉契合度"。进行品牌延伸和扩张时，主导品牌与延伸品牌一定要有关联性和统一性。如果主导品牌与延伸品牌没有关联甚至相悖，延伸的品牌就会失败，并牵连主导品牌。

有些人对"跨界"的定义认识错误，认为"跨界"就是转型，其实大错特错！

以 "999" 胃泰起家的三九企业集团，在打响了品牌之后，变得不安分起来。后来，三九集团依托"999"品牌开发出了三九啤酒。

> 999:
>
> 三九集团组建于 1991 年 12 月，由原国家经贸委、中国人民解放军总后勤部批准成立，其前身是总后勤部所属企业深圳南方制药厂。2006 年 1 月 10 日，中国品牌研究院发布"中国 100 最具价值驰名商标"排行榜，三九商标位居药品行业第一位。

在消费者的心中，"999"就是胃泰的代名词。不知道当消费者在喝三九啤酒时，会不会联想到"胃药"。而且，众所周知，胃药是保护胃的，而饮酒过量必然会对胃造成一定的伤害，这种完全相反的非相关品牌延伸，使"999"的品牌内涵变得荒诞搞笑。

一个成功的特定品牌，不仅会使顾客心中产生鲜明牢固的印象，还会给人带来丰富的联想。品牌延伸要取得成功，关键在于应尽量与原品牌保持契合感。

所谓"契合度"，从企业角度看，指的是"战略磨合度"；从消费者角度看，则是"感觉契合度"。进行品牌延伸和扩张时，主导品牌与延伸品牌一定要有关联性和统一性。如果主导品牌与延伸品牌没有关联甚至相悖，延伸的品牌就会失败，并牵连主导品牌。

无独有偶，作为国内首屈一指的搜索巨头，百度在搜索领域可以说是高枕无忧，即使在 360 推出搜索业务之后，也并没有对百度产生多大的影响。可是，百度并没有将自己限定在搜索市场中，比如：2013 年 5 月，百度宣布 3.7 亿美元收购 PPS 视频业务，并与旗下爱奇艺的业务进行合并；2013 年 7 月，百度宣布以 19 亿美元的价格收购 91 无线。

除了进军视频和移动领域，百度一直以来都对电商业务虎视眈眈。目前，百度旗下就有一款电商类产品百度微购。而在此之前，百度曾在电商方面做出过许多努力。

2007 年，百度成立电子商务部，宣布进军电子商务市场。2008 年 10 月，百度正式推出了 C2C 网络交易平台——"有啊"，这也是百度宣布进军电子商务之后最具实质性意义的一步。百度当时曾豪言，"有啊"会在三年内打败淘宝，成为中国最大的个人网上交易平台。

其实，"有啊"在当时只是百度的一个尝试性产品，百度并未投入太多的精力去研发和推广。在 2008 年 10 月推出"有啊"的时候，百度的 C2C 业务队伍人数也只有 100 多人，而当时阿里巴巴 C2C 业务群的员工规模早已多达数千人。

或许正因为"有啊"是尝试性产品，投入较少，即使有百度巨大的流量在背后做支撑，在与淘宝的较量中也渐渐露出颓势。到 2009 年末，百度高层已经开始对"有啊"业务持悲观态度，并决定对"有啊"实施转型。

2010 年 1 月，百度 宣布斥资 5000 万元与日本乐天建立合资公司乐酷天，进军 B2C 业务。同时，李彦宏决定弱化"有啊"的 C2C 模式。这也意味着，百度的电商之路由 C2C 开始向 B2C 转变。随后，百度"有啊"总经理等核心人员离职，"有啊"C2C 业务濒临崩溃。随着业务变更，"有啊"的 Logo 也做了改变。

百度：

　　全球最大的中文搜索引擎、最大的中文网站。2000 年 1 月由李彦宏创立于北京中关村，致力于向用户提供"简单，可依赖"的信息获取方式。

2010 年 9 月，百度"有啊"生活平台上线，"有啊"C2C 业务正式转型生活平台服务，百度电商转型 B2C 业务。

2011 年，"有啊"宣布进行业务调整，百度将"有啊"购物平台的商品、店铺、交易相关功能予以关闭，"有啊"原有商城业务也转移给了乐酷天、耀点 100 等合作伙伴。至此，百度的 C2C 电商之路正式宣告失败，百度的电商业务只能寄希望于乐酷天。

2012 年 4 月，日本乐天方面提前公开宣布将在当年 5 月关闭在中国与百度合资建立的乐酷天电子商务平台，乐天表示，关闭的原因是"经营不善"。百度电子商务之路在此时又遭失败。

在与乐酷天合作的同时，百度还投资了另一家电商公司——耀点 100，并为其带去大量流量支持，耀点 100 也在 2012 年上半年被传烧光了多轮共计 3 亿元的投资，当年 7 月终止运营，后悄然关闭。

笔者认为，砍掉"有啊"C2C 业务的原因除了业绩太差外，更为主要的原因则是百度的大公司、多产品文化和摇摆不定的心态。不只是 C2C 业务，后来的 B2C 业务乐酷天的失败，其中也不乏百度多产品、摇摆不定的心态之原因。

"跨界"和转型是两个意义完全不同的概念！所谓企业转型，是指企业长期经营方向、运营模式及其相应的组织方式、资源配置方式的整体性转变，是企业重塑竞争优势、提升社会价值，达到新的企业形态的过程。

企业如果想转型，必然离不开这样几个因素的驱动：

1. 盈利新路径

很多电子、汽车和化学行业企业之所以要转型就是出于这个原因。在市场份额和公司规模已经达到一定程度时，如果发现自己的利润回报、股票价值并不令人满意，有些公司就会舍弃低成本产品，转向创新型的、差异化的产品，或是专注于某些快速成长的市场。

2. 应对市场变革

伴随着市场的供求逆转、大量外资巨头进入市场或新业务模式的出现，企业不仅要加入激烈的成本竞争，还必须根据对客户需求的清晰划分来实现产品差异化。在零售业和中介服务行业，这种情况比较常见。

3. 并购重组

并购重组后，对整个公司的运营实现顺利磨合，是一项十分具有挑战性的工作。一旦执行不力，就会出现"机构麻痹症"，这时候有价值的客户和优秀的员工就会失去信任和耐心。这样，就必须对组织机构实行重新设计和业务流程再造。

4. 增强企业活力

很多中小型企业会碰到这样的情况：虽然高层管理人员不断地强调全新愿景，但总是停留在语言上，不能转化为实际的行动。如何使企业的战略深入人心、留住优秀人才，就成了这些企业转型的重要内容。为了增强企业活力，就要进行转型。

5. 为生存而战

在中国，很多企业都背负着高额的债务负担。如何在企业长远发展规划和眼前的盈利需要之间找到一条出路？转型！

在企业决定转向新的发展目标和模式时，不但有战略选择的风险，也面临着与原有的业务、组织形式以及企业文化等诸多方面的冲突，因此企业转型是一项充满挑战性的工程。

6. 人力成本高昂

全球经济的快速发展，不仅给企业带来了机遇，也给企业带来了巨大挑战。在这一大环境的影响下，企业之间的竞争愈演愈烈。如何抓住机遇应对挑战，是当下亟待解决的问题之一。企业之间的竞争必然离不开高素质的人才，但人才战略的实施必然会引起企业人力成本的攀升，进而影响企业整体的财务状况。也就是说，企业如何有效地利用和控制人力成本，不仅关乎整个市场经济的发展，也影响着企业整体的运转。

❖ "跨界"无限，张弛失度

按照通常的标准，成功的品牌延伸应该是：主力品牌和延伸品牌相得益彰，主力品牌通过延伸得以壮大，延伸品牌通过和主力品牌的延续而得以快速成长。最糟糕的品牌延伸，是延伸品牌和原品牌的定位或价值有冲突，造成消费者的混淆而失败。

中国的企业通常都喜欢搞多元化，吃着碗里的看着锅里的，哪里热闹就往哪里凑，所以，很多企业都是"多脚的怪兽"，喜欢插足于不同的行业领域，但真正能站稳脚跟、跨出成绩的却寥寥无几，就像个花心的公子，左拥右抱之下，最后连"原配"都保不住，比如海尔公司。

从1995年开始，海尔相继进入厨卫领域、保健品领域、餐饮领域、医药领域、塑料领域、软件领域、物流领域、通信领域、电脑领域。随着品牌的不断延伸，在海尔品牌覆盖下的产品越来越多，海尔现有90多个门类，16000多种产品，俨然一个企业大超市。

过度的品牌延伸，使海尔不知不觉陷入"品牌的虚影"之中："海尔"是冰箱、彩电，还是手机或者电脑？海尔品牌在消费者的印象中慢慢模糊了。

如果海尔不再收敛自己的"花心"，说不定，在不久的将来，连海尔冰箱也会被人取而代之。

和海尔相比，娃哈哈则是一个"跨界"营销的成功案例！

1990 年，娃哈哈集团从儿童营养口服液开始，凭借"喝了娃哈哈，吃饭就是香"的广告语，产品一炮打响，使"娃哈哈"享誉大江南北。随后，娃哈哈进行产品线的延伸，先后向市场推出瓶装水、碳酸饮料、茶饮料、果汁饮料、罐头食品、医药保健品、休闲食品等八大类近 100 个品种的产品，在短短不到 20 年的时间里娃哈哈从一个校办工厂发展到今天，年营业收入 200 多亿元，资产规模、产量、销售收入、利润、利税等指标连续 10 年位居中国饮料行业首位，成为目前中国最大、效益最好、最具发展潜力的食品饮料企业。

> 娃哈哈：
>
> 　　杭州娃哈哈集团有限公司创建于 1987 年，是我国最大、全球第五的食品饮料生产企业，在销售收入、利润、利税等指标已连续 11 年位居中国饮料行业首位，是我国目前最大、效益最好、最具发展潜力的食品饮料企业。2010 年，在全国民企 500 强中排名第 8 位。

还有一个成功的案例就是恒大。

仿佛一夜之间，恒大粮油的广告开始铺天盖地散落于北京各处，公交车身、公交站牌甚至主要媒体的广告版面都开始印有"放心油"、"放心米"的宣传。

2014 年 9 月 1 日，恒大集团以一场史无前例的草原订货大会聚焦了近

500 家媒体的目光，高调宣布成立恒大粮油、恒大乳业、恒大畜牧三大集团，推出了首批产品并公布了其定价：恒大有机大豆油零售价为 239 元/500ml；恒大绿色大豆油（菜籽油）零售价为 21 元/500ml；恒大有机大米零售价为 63 元/斤；恒大绿色大米零售价为 13 元/斤；恒大有机杂粮零售价为 63 元/斤……

恒大之所以定出此等价位，无疑出于对自身品质的自信和骄傲。其绿色产品为严格控制化肥残留，有机产品则使用 100% 农家肥；所有油品均为纯物理压榨，玻璃包装，确保 100% 非转基因、绿色、原生态。

恒大产品的定价给其他企业留出了发展和转型的时间和空间，其高价有很大的追随和仿效的空间和商机。相信随着高价格的刺激，随着我国大豆播种面积的增加，产品价格自然会下来。

恒大这种定价更像是一种广告策略，但也确实有利于国产大豆突出它的非转基因特点，对挽救国内大豆产业非常有益。就恒大冰泉的运作而言，其高调宣传、全覆盖式推广、终端铺货等方式打破了快消品运作的常规手法，并收到了很好的效果。

"跨界"并不是一个简单的现象，也并不能简单地用好或坏就能够判定清楚，它的界定标准关键在一个"度"上，而这个"度"的含义包括了企业所要"跨界"的目的。

"跨界"已经成为行业发展的必然趋势，但并非是每个企业都能够走"跨界"这一条道路，"跨界"到其他行业，对于企业的发展还是存在一定的风险，各企业要想进行"跨界"，首先就要把握好度。

现今，关于品牌名称的负面新闻数不胜数。对于企业而言，关于"跨界"后的品牌名称，一直也是备受热议的问题。在新的"跨界"经营上，更多企业也倾向于将新领域的品牌名称与原有领域的品牌名称合并。纵观国外品牌，"跨界"也逐渐兴起。但是，原有领域与新进入领域的品牌过于融合，一旦新的领域做不成功，很可能会对原有品牌形象造成损害。

从目前来看，"跨界"不仅在生产环节上有差别，而且在销售环节，诸如销售方式、品牌推广、销售通路上也存在天壤之别。因经营思路、营销方式、销售渠道、销售量、团队建设等有区别，新的商家和原有商家对跨领域经营会抱怀疑或迟疑态度，强令现有经销商"跨界"，可能导致经销商的抵触。

❖ 不会创造传播好的种子

进行产品传播的时候，不能只看企业优势，还要深入研究消费者需求，只有让企业优势与消费者需求完美对接的传播才有可能创造出市场奇迹。

为什么周立波总受关注？为什么韩寒现象长盛不衰？为什么有些人的微博有那么多人关注和转发？为什么黄金搭档还在旺销？任何企业都希望持续得到社会、媒体和用户的关注，为此不惜花费相当大的财力和物力，但最后的效果通常并不好，有些企业甚至尝试了很多方式都不如意，于是对营销灰心丧气、无所适从。

为何会造成这种情况？因为只有好种子才可能结出好果实！可是，很多企业不会创造传播好的种子。虽然碎片化时代已经到来、社会化媒体作用更趋重要，但很多企业的营销思路还是停留在过去，营销方式单一刻板，根本不能形成关注、互动、热议和传播。

好的营销工作应该能持续性地制造好种子，好种子的标准就是能引起关注、热议、传播，所以要经常关注社会热点和舆论风向，只有通过提前预判和巧妙结合制造出独一无二的种子，才能借势造势，也能独立成势。

天士力是我国中药走向世界的第一品牌，曾经推出一款"金士力"酒，希望以自身强大的资本实力和中医药技术研发能力为保障，打造一个现代健康白酒的新典范，主打广告语是"现代白酒，健康100"。

> 天士力：
>
> 天士力集团以大健康产业为主线、以制药业为中心，包括现代中药、化学药、生物制药和保健品、健康食品等，涵盖科研、种植、提取、制剂、营销等，是天津市重点支持的大企业集团之一。

据说，当时投入的广告成本高达6000余万元，可是经过两年的运作，却没有取得理想的市场效果，其败局也说明了一个问题：现代白酒不是这么做营销的！

众所周知，酒喝多了会对身体造成伤害。金士力试图加入无色无味的草药，降低酒对消费者的伤害，并将酒定义为"健康100"，这种营销乍看起来似乎符合消费者利益，合情合理，而且也应该会有一个广阔的市场，但其实不然。喝酒伤身体本来指的就是喝多喝少的问题，喝上3~5瓶，不伤身体是不可能的。酒喝多了本来就伤身体，现代白酒也只不过是降低了一些这种伤害，怎么能号称"健康"？另外，说到饮酒健康，面对红酒轰轰烈烈的攻势，金士力倡导白酒健康似乎有点为红酒做嫁衣裳的味道。

只要对消费者略加调查，就可以发现，大部分喝白酒的人要的就是白酒的烈性，敬酒人的强烈愿望就是灌倒对方，这时候真正想到健康的又有几个人？若是真的想喝点健康的，为什么不喝点红的，或者用茶来代替！

消费者利益不是消费者需求，很明显，金士力现代白酒的营销策略就是古老的"产品营销"。可是，在竞争激烈的市场状况下，应该选择 CS（客户满意）营销。不是宣扬产品有什么功能，而是应该告诉消费者，他为什么要喝该产品的酒！所以，如果将健康成分去掉，广告的核心诉求就应该是："现代白酒，喝醉少伤身体！"

如今，"健康"一词在诸多广告的轰炸之下，已经变得令人讨厌。健康可以分为两种：一种是补助型，另一种是减少伤害型，前者如红酒，后者如现代白酒。所以，当金士力在提到"健康"的时候，依然没有人相信现代白酒是健康的，因为真正健康的其实是红酒……可见，"健康"并不符合现代白酒的核心诉求，而"减少伤害"才是现代白酒的特点。从"健康"的角度来说，虽然差别不大，却相差十万八千里。

白酒就是白酒，酒是陈的香，这种简单的道理连孩子都明白。"现代白酒"什么意思？金士力试图解释，但是却很牵强。一个广告语，如果需要解释，就已经失败了一半；一个名词，如果需要解释，也已经失败了一半——除非有脑白金式的广告洗脑实力。

"现代白酒"这一名词，让金士力自绝于与其他酒的共同市场之外，俨然让人觉得是一种新事物。在这种情况下，消费者接受起来就需要一个过程，而其他厂商自然会联合起来抵制，别说什么标准，就是"现代白酒"这一说法也不会被业界承认。

白酒市场本来就受啤酒、红酒的冲击，金士力说自己的酒健康其实也在暗指别的酒不健康，这就是其卖点。通过抢占白酒同行的市场份额来使得自己成长，会损害整个白酒行业的发展，这在营销上是犯了大忌！可口可乐都不说自己的可乐就是标准，"现代白酒"为什么如此着急树立自己的标准呢？

一个国家为公民健康着想树立标准是可以的，借鉴欧洲的做法，也只有喝酒令，解决的是喝酒多少的问题，而不是在酒中加入什么草药。其实，标准并不是不可以做，但要征求所有企业的同意，如此才能让白酒在与啤酒、红酒竞争时更具备竞争力。可是，即便真这样做了，白酒业也不会跨入"现代白酒"时代，这还得看消费者是否高兴。品酒者，稍微兑点水的酒都能喝出来，更别说草药了。

诚然，天士力作为中国现代中药企业的一个"领袖"，主打健康的诉求，有着很强的品牌背书（指某一品牌要素以某种方式出现在包装、标号或者产品外观上，但不直接作为品牌名称的一部分），可是当这一诉求与酒进行传播嫁接时，就容易出现问题。如果想要健康，最好不要饮酒。而真正的好酒贪杯者，什么时候会想到健康？而且，中国的酒消费注重的是精神层面的消费，在文化营销大行酒市的时代，侧重于"数九"（又称"冬九九"，是一种汉族民间节气）健康的"金士力"看起来似乎多少有些"不着道"。

可见，进行产品传播的时候，不能只看企业优势，还要深刻地研究消费者的需求，只有将企业优势与消费者需求完美对接起来，才有可能创造出市场奇迹。

中药品牌是多元化还是专业化，一直是众人争论的焦点，因为虽然很多中药品牌都在使用多元化经营，但运作成功的却是少之又少。对于一个中药品牌来说，要想进行多元化扩张，一定要三思而行。

京都念慈庵是一个拥有近300年历史的中药品牌，远销欧、美、亚全球20个国家，被誉为"中药产品全球销量第一"的中药品牌。

京都念慈庵：

　　京都念慈庵的品牌标识名叫"孝亲图"，有这样一个故事：清朝康熙年间，杨孝廉幼年丧父，母亲长期辛苦劳作，得了肺弱咳嗽的病。杨孝廉四处寻访名医，终于从神医叶天士那里得到了蜜炼川贝枇杷膏药方，治好了母亲的病。杨母84岁去世时，叮嘱儿子要用蜜炼川贝枇杷膏造福世人。为了纪念母亲和叶天士的恩泽，杨孝廉将枇杷膏命名为"念慈庵"，并绘出"孝亲图"商标。

　　2007年夏天，念慈庵投入巨资高调进入草本饮料行业，并且在深圳成立独资子公司"东成建业食品（深圳）有限公司"，负责"念慈庵润"饮料在大陆的推广与销售，正式拉开了其多元化的扩张之路。

　　"念慈庵润"饮品刚一推出，虽然没做任何大量的招商宣传，却引来多家酒水饮料经销商的关注和部分签约，可以看出其具备一定的销售策略并初获成效。

1. 发现、挖掘并扩大需求

　　在全民提倡"创造、创新"的今天，念慈庵既没有随波逐流、天马行空地去创造需求，也没有盲目进入饮料行业，而是利用缜密的调研去发现消费需求，继而挖掘和扩大这种消费需求。

　　在念慈庵总厂对念慈庵进行市场调查时，发现很多消费者在使用念慈庵枇杷膏的时候，喜欢兑水冲调以后饮用，特别是夏天，很多家庭主妇都会将枇杷膏冲调成饮料，冷藏于冰箱里，做成冰饮供全家人下火润肺。调查结果发现，消费者对念慈庵相关饮料有着强大的潜在需求，而这种相关需求只要稍微拉动，就会引起消费者强大的购买欲望。

2. 借力发力，诉求点一脉相传

进行多元化扩张或者品牌延伸时，最忌讳的是整个品牌形象或者诉求点完全脱离原品牌，对于母品牌只是对品牌名称加以利用，而不是对其品牌核心进行充分挖掘和利用。

念慈庵在一开始进行品牌延伸和扩张时，就避免了这种浅层次的多元化扩张，而是从品牌核心深处进行扩张和渗透，借船出海，力争将品牌精神一脉相传，大大提高了品牌的传播效力。

比如，念慈庵的主诉求点和宣传口号钊对的是消费者润喉养声的消费需求，主推品牌宣传口号"我的声音，我的念慈庵"；念慈庵润则推出了品牌宣传口号"我的声音需要润"。两者之间借力发力，一脉相传，让整个品牌资源都得到了有效的整合和充分利用。

俗话说：三分做事七分造势，有势必有利。市场如江湖，人人都想成为江湖中的一大派。企业要取得大发展，既要精于管理，更要善于造势；既要持续地制造传播的好种子，更要将这些好种子传播开来，吸引广泛的互动、势议和传播，使之成势。

❖ 避免"完美管理"的误区

"跨界"并不一定能够创新，尤其是在低层次向高层次产业"跨"出去的过程中。但是，创新一定是"跨界"，是对生产要素进行"跨界"的组合。以往的研究表明，直接相关多元化产生的绩效要好于间接相关多元化。

把事情做得十全十美，大概是所有企业家的愿望。但是，在众多的企业想通过各种复杂的手段实现这种理想时，却很少会有人意识到，"完美主义思维"也会在不知不觉中挫伤企业活力，对完美主义本身的粗疏会让这种理想化状态在现实中扭曲。

有人说：完美主义是上帝的礼物。但如何运用却需要高超的智慧和技巧，能否准确地运用完美主义思维，会带来两种截然不同的结果：要么成为前进的动力，要么成为混淆梦想与束缚脚步的阻力。而对于后者，企业始终缺乏必要的心理免疫。

完美的技术、完美的操作、完美的产品，由其带来的质量提高、客户满意、盈利提高、市场扩大构成了一幅柏拉图式的理想妙境。然而，或许企业家从未意识到，在无边的沼泽上构建惊涛骇浪的梦幻，也可能是噩梦的前奏。

"跨界"需要一步一步来，不能立刻就追求极致，否则很容易陷入完美主义的误区。

2013 年 11 月 5 日，杭州娃哈哈集团在京正式推出一款以贵州茅台镇为原产地的酱香型白酒——"领酱国酒"，高调宣布进军中低端白酒市场。

当前，中国的白酒行业已经进入发展低谷，发展比较困难，而中国又有着悠久的酒文化，行业的振兴与传承需要有实力的企业加入。贵州省仁怀市被誉为"中国酒都"，茅台镇乃"中国第一酒镇"，当地所产的酱香型白酒距今已有 2000 多年的历史，早在汉武帝时期就成为"御酒"，茅台酒即是该香型酒的代表。

在 茅台镇 ，有上千家小酒厂在与茅台酒厂同样的地点使用同样的工艺、同样的原料生产酱香型白酒，但由于资金和规模的限制，不具备打造全国品牌的能力，这就使得目前酱香酒市场的份额并不大。当地政府也希望能有一家有实力的企业整合本土资源，再培养一个全国知名的酱香酒品牌，带动当地经济的发展，因此娃哈哈集团选择了这个时机进入白酒行业。

茅台镇：

中国酱酒圣地。域内白酒业兴盛，1915 年茅台酒在巴拿马万国博览会上荣获金奖；1935 年中国工农红军长征在茅台镇四渡赤水。茅台镇集古盐文化、长征文化和酒文化于一体，被誉为"中国第一酒镇"。

此次娃哈哈与贵州省茅台镇金酱酒业有限公司联合推出的领酱国酒，以平实的价格进入白酒行业，可以满足中低端市场的需求。这种酒由纯粮酿造，经自然发酵，期间需要经过九次蒸煮、八次发酵、七次取酒。一瓶酱香型白酒从原料进厂到产品出厂，至少需要五年。在酿制过程中，不添加酒精和任何香味物质，酒体醇厚、酱香宜人、回味悠长。

根据"跨界"创新思维，要想做好一个产业，必须具备多个行业经营的多元化能力。不管是"跨"出去，还是"跨"进来，"跨界"创新都不是简单的物理合并，而是要经历化学反应的重生。

"跨界"并不一定能够创新，尤其是在低层次向高层次产业"跨"出去的过程中。但是，创新一定是"跨界"，是对生产要素进行"跨界"的组合。以往的研究表明，直接相关多元化产生的绩效要好于间接相关多元化。

"跨界"要从低端入手，要从自己熟悉的方面入手！不要为了追求极致而"向上高攀"，否则只会迷失了自我！我们警惕完美主义思维给企业带来的阴影，但是绝不是为了拒绝完美，只是我们要解决好如何将压力转化为动力，避免压力斫伤企业活力。

那么，如何让完美主义变得真正完美？

著名的通用电器公司倡导的是"六西格玛"管理。在通用公司看来，世界性的顶级公司在每百万次操作中只能有3.4个失误，而这对于一般的企业来说几乎是不可能的，但是"六西格玛"却在通用电器公司结出了丰硕的果实。

通用原总裁杰克·韦尔奇说："对于质量行动，你必须以狂热的激情来参与。"因为完美主义的最大缺陷就是理性与激情的疏离，而唤醒员工的完美主义激情要靠强烈的心理对接，打破官僚主义的壁垒，在激发员工热情的过程中，削减对完美主义的排斥，使员工获得由完美主义带来的乐趣。为了实现这一目标，通用公司把"六西格玛"标准落实到全球各公司，最终得到了员工的认同，使这种文化深深扎下根来，并给通用公司带来了巨大的财富。

但是，这种成功的体系并不是所有的企业都可以复制的，更不能把完美主义理解得过于简单，因为简单的模仿最终常常导致"看上去很美"。

企业通常都有一种发自原始的冲动，永远有一种完美主义的呼唤，但是一旦皈依完美，便无法真正实现完美，因为完美常常只能是一种向往，或是一种设计。但是，毫无疑问，对于今天的企业来说，永无止境地接近完美是全球化竞争时代的选择，因为二流的产品和服务是无法生存的。然而，不管怎样也要避免完美的误区！

◈后院起火，质量不稳定

质量好，更容易被消费者认可，消费者认可了，就会再次购买，了解的人多了，也就变成了名牌。这一过程定然会为企业带来很多好处：销量更大、更加稳定，名牌附加值……如果在"跨界"的过程中忽视了质量这一重要因素，会给企业带来重大的损失！

在中国 茶饮料 市场上，可口可乐公司可以说是第一个吃螃蟹的人。从1988年开始，其先后推出了"天与地"茶饮料，"岚风"女性蜂蜜茶饮，阳光冰爽果茶，"雀巢"冰爽茶，分男女的"清本"、"清妍"茶研工坊系列茶，直到今天的"原叶"，可是总是难以成功，为什么？一句话，美国人不懂中国茶！

> 茶饮料：
>
> 　　所谓茶饮料，是指用水浸泡茶叶，经抽提、过滤、澄清等工艺制成的茶汤或在茶汤中加入水、糖液、酸味剂、食用香精、果汁或植（谷）物抽提液等调制加工而成的制品，具有茶叶的独特风味，含有天然茶多酚、咖啡碱等茶叶有效成分，兼有营养、保健功效，是清凉解渴的多功能饮料。

2001年，可口可乐公司推出了日本蜂蜜茶饮料"岚风"。在中国消费者的头脑里，茶有绿茶、红茶、花茶、乌龙茶等，蜂蜜茶是什么茶，这种自创的概念茶完全不被中国消费者接受，只让自己闹了个灰头土脸。后来的"清本"、"清妍"茶也是这样！虽然融合了草本饮料和茶饮料的特征，还分了男女两款，但"清本"、"清妍"到底是茶还是创新的草本饮料，让消费者搞不清楚。

中国本土茶文化的核心不是性别，而是茶种，中国的茶消费者自然不会对可口可乐那些标新立异的商业概念买账。仔细研究起来，对中国茶文化的误解，是可口可乐无缘中国茶饮料市场最致命的原因。

质量好，更容易被消费者认可，消费者认可了，就会再次购买，了解的人多了，也就变成了名牌。这一个过程定然会为企业带来很多好处：销量更大、更加稳定，名牌附加值，市场占有率，规模效应，降低原材料成本，更容易打开新市场，可以用此品牌生产其他产品，盈利后可改善生产线，提高产品质量、科技含量……如果在"跨界"的过程中忽视了质量这一重要因素，会给企业带来重大的损失！

这里还有个案例：杉杉服饰。

2013年，宁波杉杉股份有限公司生产的"杉杉"羽绒服，因充绒量允许偏差项目不合格，即实际检测的充绒量低于其标称的充绒量，被北京市工商局责令强制退出流通领域。

其实，杉杉并非首次被检查出质量问题。2010年末至今，不到3年时间，其至少已4次被公开曝出质量问题。

关注杉杉的人士不免质疑，连续的质量问题究竟是巧合还是监控存在漏洞？对于被查出的羽绒服质量问题，杉杉证券部相关工作人员表示，"羽绒服不是我们生产的，可能是贴我们的牌子"。

服装业内，产品绒含量做到百分百的并不多。而相关责任，是否应追溯到杉杉，具体要看相关的贸易方式。如果是成品采买模式，责任就在于生产厂家；但若生产厂家仅是纯加工，品牌自己备料，那么质量问题就应追责于品牌方。

杉杉在监管上存在漏洞，分公司运作的模式令其管理有些分身乏术。在变化快、竞争激烈的市场中，服装品牌商家逐渐放松了对产品质量的把控，从而使不少服装质量不过关。同时，相关部门在监督、处罚方面有所欠缺也使得服装品牌商家在质量上放松了警惕。

"跨界"多元化经营并无对错之分，主要在于公司的管理体系以及人才储备是否到位。虽然都是集团化，但是它们的管理并未到位。

多元化是我国大部分企业的通病，如果企业被其他业务短期内的投资回报所诱惑，就会在主业中逐渐丧失优势，并不利于公司的长期发展。业务多元化并不是大多数商家的归宿，毕竟隔行如隔山。企业只有专注才能有效打造核心竞争力，企业应将更多的资金和精力专注于主业中，不断提高产品质量。

第六章 分析"跨界"案例，借鉴成功经验

❖ 雨润食品"跨界"大米

食品粮油企业之所以要"跨界"，主要原因无外乎是占领产业先机、寻找新的利润增长点，或者是其他战略布局。2015 年 6 月，大米行业最热的事情就是雨润食品"跨界"进入大米行业。

雨润食品 2014 年年报显示，占总营业额 76% 的冷鲜肉销售额为 151.65 亿港元（约合 121.41 亿元），同比减少 8.3%；低温肉制品销售额为 25 亿港元（约合 20.02 亿元），同比减少 5.1%。为了获得新的利润增长点，雨润集团开始"跨界"大米。

雨润的第一款上市大米为"雨润稻花香五常大米"。该大米获得了绿色食品认证标志，严格限制使用农药、化肥、激素等人工合成物质，价格也比普通大米高一倍以上，每斤价格 9 元。

为了在最短的时间里形成市场影响力，开始的时候，雨润走的就是高端

路线，它将目光直接集中于拥有全国知名度、口感和品质俱佳的五常稻花香大米。

在雨润稻花香大米的宣传图片上，"新"、"单"、"纯"成为这款大米的三个特点，"新稻"、"订单制"、"原地出产，珍纯香"成为雨润大米的宣传口号，这些也是传统有机大米、绿色大米的高端标志之一。

定位高端，一方面可以避开中低端大米的惨烈竞争，降低企业的竞争风险；另一方面还能提升产品的美誉度和影响力，打开高端市场。从目前来看，随着消费者收入水平的提高，这个市场的规模越来越大，也成为很多粮油食品企业关注的焦点。

进入大米行业，雨润食品拥有自身的独特优势，比如：品牌知名度比较高，雨润鲜肉的零售终端基本上遍布全国等。在卖猪肉之外销售大米，定然会给雨润鲜肉的零售终端加盟商拓宽收入的渠道。

❖ 掌阅 iReader 携手京客隆

2014 年 9 月 9 日，掌阅 iReader 联手京客隆进行了中秋感恩大回馈，推出了"买月饼，送阅饼"活动，在节日期间引来不少消费者围观。活动规定：凡在京客隆购买月饼的消费者，即可获赠掌阅 iReader "阅饼"兑换券。

一个是中国移动互联网本土创业典范、移动阅读领域绝对的王者，一个是中国商业连锁百强品牌，掌阅 iReader 与京客隆强强联合，共同打造了吸引双方共同用户的"跨界"营销潮流。再加上中秋节这个历经千年传承的节日，及"月饼"、"阅饼"横跨两界的不同寓意，让掌阅为此次活动准备的 3

亿"阅饼"被哄抢一空。

掌阅 iReader 是掌阅科技的主打产品，也是国内最卓越的手机移动阅读品牌。这款软件从 2008 年诺基亚时代开始就常年伴随着移动阅读爱好者的手机，经过 6 年的发展，已成为移动阅读市场的"绝对王者"。多年来，掌阅 iReader 都在以便捷的移动设备、数字化图书来传播知识，弘扬中华传统文化，一直都是"无纸化阅读"的倡导者和推进者。

2014 年，中国商业连锁百强品牌北京京客隆商业集团股份有限公司，迎来了 20 周年华诞。从当初默默无闻的老牌副食店，到如今年销售额达 100 多亿元、覆盖北京及河北廊坊地区的商业连锁航母，京客隆集团 20 年来取得的成绩有目共睹。

创新，是京客隆的市场立足之本，企业只有在不断创新中才能得到发展和壮大。回顾京客隆 20 年的发展史，其实就是一部国有企业创新、变革的发展协奏曲。京客隆与掌阅 iReader 的"跨界"合作，是以"营销创新谋共同发展"为前提的天作之合。

在"跨界"营销、合作遍地开花的当下，掌阅 iReader 与京客隆的合作，从更深层次来说，一方面是互联网、移动互联网企业营销创新"接地气、优整合、造平台"的过程；另一方面则是以京客隆为代表的传统商业、企业、行业向互联网、移动互联网推广日益深入的表现。

掌阅 iReader 与京客隆的合作，打开了一条新通路，在推广渠道、用户体验等多方面的深度合作下，为双方的共同用户、潜在消费群带来了多样化的品牌感知，形成了品牌共赢的联动效应，最终实现了"有中文阅读的地方就有掌阅"这样一个宏伟目标。

❖ 安踏"永不止步"

2012 年奥运会（第 30 届夏季奥林匹克运动会）在英国首都伦敦举办。为了拉近和奥运会的距离，安踏一方面在奥运赛场赞助了"冠军龙服"，另一方面在很多城市的步行街上都做了雕塑展示"冠军龙服"，如此不仅拉近了奥运与中国的距离，也拉近了安踏与消费者之间的距离。除此之外，安踏还开展了"跨界"营销，与宝洁、麦当劳、希尔顿等结成了品牌联盟。

作为中国奥委会官方合作伙伴，本次呈献的"冠军龙服"从一开始就备受推崇，除了伴随场内的中国代表亮相，还第一次与享誉全球的世界品牌携手，使品牌上升到了一个全新的高度。共同合作的品牌包括：国际奥委会合作伙伴麦当劳、宝洁，还有中国奥委会合作伙伴伊利、希尔顿、福临门。

在食品饮料的外包装上，在高级酒店的展厅，在世界品牌的体验店，在全球连锁的餐厅，都能看见来自中国的品牌"冠军龙服"，这无疑成为本届奥运会赛场之外的一大亮点。

与希尔顿酒店的合作主要是以展示为目的，而与其他品牌则进行深度合作，比如和麦当劳的合作，从 2012 年 7 月 27 日到 8 月 12 日，中国 1583 家麦当劳的店铺，所有的店员都穿着奥运的生活装备，就是红色 T 恤，而店长则穿着领奖服。

跟伊利的合作是一个抽奖活动。从 2012 年 7 月开始，此活动即被伊利体现在几大系列 6000 万罐鲜奶、酸奶的外包装上。

和宝洁的合作，主要是与它在全国 380 个沃尔玛超市里共同做一个领奖服的展示活动。

和福临门的合作活动针对线上用户，与用户进行奥运话题的互动。

这一现象的背后，是安踏携手国际奥委会合作伙伴其他著名品牌共同打造"奥运品牌联盟"的"跨界"营销。

体育用品产业从来就不是孤单的，围绕赛事而生的各种商机，几乎吸引了所有产业的参与。从观光车、餐厅、比赛服、比赛器械、座椅到吉祥物甚至小小的徽章，行业参与度之深超乎想象，这也为企业的"跨界"营销提供了沃土。

五家企业的奥运营销战略以"冠军龙服"为核心进行运作，涉及的抽奖活动奖品均为安踏中国体育代表团领奖服或是安踏领奖服 T 恤。

❖ 电影"跨界"营销新玩法

如今，品牌广告主与电影的"跨界"营销玩法，模式也愈加成熟，从产品（品牌）植入，到元素授权、联合推广，再到衍生品开发，甚至延伸出粉丝营销、IP 合作，逐渐趋向于整合营销。以下两大玩法在 2014 年的电影界被演绎得"淋漓尽致"：

玩法一：衍生品营销带动产能价值

如今，国内电影业还没有形成成熟的衍生产品开发模式，电影的成本回收过度依赖品牌广告主的植入，出现了植入乱象。其实，衍生产品的开发会带动非常大的产能价值和收益空间，这也是内容变现的最佳途径。

案例代表：杜蕾斯之电影定制路。

2014 年初，杜蕾斯开始与电影合作开发衍生品。在 2014 年情人节这一天，杜蕾斯"爱上爱爱"活动发起移动小酒馆，邀请情侣分享爱情故事制作成视频、音频之后再分享到网络。以此为契机，杜蕾斯联合电影《北京爱情故事》推出了定制包装，在社交媒体上推出导演主演签名款，作为首映式赠品与明星互动，并在情人节期间同步销售。

《北京爱情故事》也专门定制了杜蕾斯版"北爱预告片"在网络和万达院线的大屏幕播放；而在《后会无期》的宣传阶段，杜蕾斯借助韩寒在微博上的影响力，强强联合炒作话题、网络互动掀起热度。

针对《黄金时代》，杜蕾斯再次推出定制款包装，选择杜蕾斯金色包装的"肤感"产品，美其名曰"黄金实戴"，并有"戴了，一切都是自由的"的宣传语。"黄金实戴"覆盖超过 300 万用户，互动总量接近 25000 次。

与其他品牌不同，杜蕾斯并没有将产品或品牌植入作为主要的营销方式，而是根据自身产品特点将社会化媒体作为切入点，引爆话题和关注度，再落实到线下活动，配合定制产品销售，进行整合营销。

在与电影"跨界"营销的过程中，杜蕾斯没有局限于某种特定的方法，而是针对每个电影制定个性化的方案。在这个过程中，杜蕾斯和宣传方一起炒热电影，并将电影的热度和话题引流到产品。电影"跨界"营销的效果直接作用于销售层面，衍生品杜蕾斯礼盒也获得了不错的销量。

从成本角度考虑，衍生品的投入产出比也很高，电影之所以与杜蕾斯"跨界"合作，是因为有影响力的品牌可以帮助电影在口碑上获益，而在合作过程中，双方都不涉及太高的成本，只涉及推广成本，杜蕾斯更不需要向影片方提供赞助费。电影"跨界"营销由线上团队负责，线上营销和定制礼盒成本不高，更何况任何可以帮助销售的渠道成本都不算高。

如今，电影版定制礼盒已经成为杜蕾斯的一个标准产品，杜蕾斯也在合作过程中发现了娱乐营销更大的潜力。杜蕾斯认为，衍生品的电影"跨界"营销是对消费者的一种投资，品牌在消费者心中的知名度和影响力也会扩大。

玩法二：深耕粉丝人群稳赚不赔

如今，粉丝已经成为明星号召力、影片上座率的间接证明，电影投资方已将一部影片的"导演、演员的粉丝力调查"作为重要的投资标准。坐拥千万粉丝的电影，哪怕只有1%的粉丝去看，电影就赔不了。电影、品牌广告主也深谙其道，于是围绕粉丝，积极展开各种互动、体验式营销。

案例代表：《小时代3》联手新辣道鱼火锅，推出小时代套餐。

郭敬明曾公开大吐苦水："为了植入广告的事情，我与制片方没少吵架、对峙，植入的底线是要跟剧情相符，为了保证故事的完整性，我拒绝了至少一半的品牌合作提议。"虽然难逃植入之苦，但《小时代3》联手新辣道鱼火锅推出的小时代套餐则极具创新性，一个月内售出了5000份。

新辣道在《小时代3》上映前44天就开始造势，影片上映前就开始针对粉丝进行集中宣传，通过微博、微信征集小时代套餐四种鱼锅的名字、广告语、礼物。

影片上映后小时代套餐正式上线，并联合追梦网启动众筹餐厅。同时，新辣道利用线上线下炒热小时代套餐：线上利用自己及合作伙伴的自媒体平台、网易等互联网媒体平台，与粉丝互动，了解粉丝需求并反馈到产品中，实现产品的传播、推广和销售；线下召开新闻发布会，推出小时代套餐，与电影院、打车软件合作。

小时代套餐的推出，正是因为品牌与电影都瞄准了粉丝营销带来的利润空间，粉丝是合作的基础。一方面，新辣道虽然有100万名会员，但与郭敬明、杨幂等众明星的粉丝数量相比还太少，希望借助合作吸引《小时代3》及众位明星的粉丝来到新辣道，并通过产品和服务，将其转换为自己的会员；

另一方面，新辣道是为未来做准备，5 年之后《小时代》的粉丝将成为消费主力，希望从现在就能影响到对方。

粉丝对于电影的价值更多体现在口碑支持和票房上，在中国如何更好地发挥粉丝的价值值得中国同行们思考和探索。小时代与新辣道的尝试则是看重粉丝的价值变现，一方面，全国 200 多家新辣道门店对《小时代 3》的宣传，对于电影是有很大帮助的；另一方面，如果小时代套餐销量好，也会带来很大的经济效益。

而双方在这个过程中互为媒体，只需要付出一定的推广费用，并不需要付出太多成本。《小时代 3》剧组只需提供物料等内容元素，新辣道的成本则体现在小时代版菜谱、百变明星杯、优惠券（新辣道、万达、快的）等，但菜单的印刷是常规支出，不印小时代版也要印普通版的；明星杯、优惠券等既是给消费者的附加优惠，也能起到再次宣传的作用。

借助《小时代 3》这个关注度高、话题性强的热门电影，新辣道也能置换到其他优质资源，如网易平台资源、万达院线传播资源等，不需要像以往付出太大的代价；新辣道更看重电影所创造的"额外"消费者及其增量、边际利润等。

❀ 中国人保、腾讯和中石化"跨界"合作

2014 年 9 月，由中国人保、腾讯公司、深圳麦盛公司三方共同发起设立的深圳市人保腾讯麦盛能源投资基金企业，与中国石化销售有限公司签署增资协议，战略出资 100 亿元入股销售公司，占销售公司该次增资完成后

2.8% 的股权。

中国人保、腾讯公司和中国石化，原本是业务根本不搭界的三家公司，但大数据的概念让三家企业实现了"跨界"融合。这意味着，当下国内规模最大的混合所有制经营项目迎来了新进展。

2015 年 2 月，中国石化宣布对油品销售业务板块进行重组，将相关销售业务、资产等注入到销售公司，并引入社会和民营资本参股，实现混合所有制经营。6 月 30 日，中国石化公布了引资方案，根据方案，销售公司拟通过增资扩股的方式引入社会和民营资本及市场化的管理体制机制，进一步增强销售公司的企业活力，为销售公司非油品业务引进互补型的战略投资者，促进销售公司业务的转型升级。

非油品业务是指除了加油、充气等常规业务外，销售公司开展的诸如便利店、汽车服务、车联网、O2O、金融服务、广告等业务，被视作加油站未来的新增长点。中国石化董事长傅成玉曾表示，非油业务想象空间巨大。

引资完成后，中国人保、腾讯、中国石化将通过发挥各方战略资源互补优势，共同探索加油卡新业务。

目前，中国石化在全国已开设了逾 3 万座加油站以及超过 2.3 万座易捷便利店，加油卡持卡用户超过 8000 万人；中国人保拥有超过 4000 万车险用户和海量车险"大数据"，拥有覆盖全国城乡的网点超过 1.1 万个，是亚洲最大的财险服务提供商；腾讯在虚拟社交领域拥有海量的活跃用户，QQ 月活跃账户数达 8.29 亿人，微信的月活跃账户数达 4.38 亿人。笔者认为，三方的"跨界"融合必将创造更多的商业空间。

❖ 森马服饰 "跨界"

自 2013 年以来，森马服饰都很 "低调"。公司 2014 年 7 月 21 日公布一则 "跨界" 收购公告表示，将购买育翰（上海）信息技术有限公司 70% 的股权，向儿童产业综合服务商转变，再度引发市场关注。

作为服装企业，森马 "染指" 儿童教育产业，不仅缺乏经营经验，而且短期内难以带来回报。其实，森马此次收购仅是其整体战略的第一步，接下来将会以投资者的身份继续进行类似整合，与自己的品牌结合，构建起一个闭环产业链。

育翰上海是睿稚集团的全资子公司，旗下拥有天才宝贝、小小地球两个教育品牌和相关儿童教育业务。成人服装市场已无法再有突破性的发展，在寻找新的发展路径的过程中，森马注意到，在中国市场，儿童教育、影视、动漫等都处于发展的初始阶段，未来成长空间很大。通过对儿童服饰的运营，可以建立一定的客户群体，于是便提出了模式的转型。

通过此次交易，森马可以带动旗下几个儿童品牌，让手里的资源进行更大程度的整合。在婴幼儿教育上，森马虽然没有经验，但持股后可以监控经营，利用这个平台做一个资源的再整合。在森马近几年的财报中，儿童服饰的销售成为业绩最大的亮点。

森马 2014 年第一季度的财报显示，其营业收入微增 4% 的主要驱动力也来自儿童服饰业务。在服装行业，森马是第一个尝试这一模式的企业，一旦成功，将给行业带来更多的发展契机。

◈ 网易联手美特斯·邦威"跨界"合作

2014年9月，网易与美特斯·邦威达成了战略合作，共同探索针对年轻群体的新型营销方式。该合作涉及易信、网易云音乐和网易公开课等多款网易重量级产品。网易与美特斯·邦威深度整合了各自线上、线下的优势资源，尝试互联网和传统行业新的合作模式，共同打造了一个实体与虚拟产品无缝隙对接的互动平台。

与传统合作方式不同，此次网易和美特斯·邦威的合作是以线下美特斯·邦威旗舰店为基站的，同步美特斯·邦威线上O2O布局，结合网易线上优势资源，达到线上互动、线下联动，最终实现"店网互动"的效果，同时也是美特斯·邦威"跨界"营销的又一举措。

网易"有态度"的价值主张与美特斯·邦威"不走寻常路"的品牌理念深度契合，通过合作，可以提升双方平台在年轻人群体中的影响力。

网易与美特斯·邦威的合作涉及多款产品和业务线，包括：网易云音乐、易信、网易公开课等。以与网易云音乐的合作为例，推出了"音乐内裤"，每款限量1000条，包括多种绘有有趣的音乐态度图案的款式，用户通过与朋友分享就可以与朋友一起抢到心爱的款式。"音乐内裤"由美特斯·邦威与网易云音乐创意出品，同时，美特斯·邦威在其电商网站邦购网及线下旗舰店还同步设立了"音乐内裤"专区，用户既可以在线上购买心仪的款式，也能够到旗舰店购买。

与网易公开课产品的"跨界"合作则把目光投向了陪女友逛街的男性，

推出了多种"男票收容站"的互动方式。在美特斯·邦威旗舰店的"男票收容站"里，男性不仅可以线上答题帮女友赢取购物折扣，还可以唱歌获得抽奖权利。由网易提供的"男票收容站"覆盖了全国多家美特斯·邦威旗舰店。

其实，网易与美特斯·邦威的"跨界"合作并非偶然。易信作为一款移动社交领域的黑马，自推出以来不到一年时间就吸引了超过一亿用户，其差异化的功能成功俘获了不少追求品质的年轻用户；网易云音乐作为中国最好用的音乐 APP，拥有国内最全的高品质曲库，用户总能找到满意的歌曲；网易公开课产品在国内在线教育领域首屈一指，率先为年轻用户带来了无国界的知识分享。

美特斯·邦威作为国内年轻时尚服装的领先者，以"年轻活力的品牌，流行时尚的产品，大众亲民的价格"，给广大消费者带来了富有青春活力和个性时尚的品牌形象。一直以来，美特斯·邦威都在积极探索互联网工具对实体业态的帮助，推出的全流通、云货架、移动支付等借助互联网工具提供的新型服务都属于业内领先。

网易多款产品用户年龄层集中在 18~30 岁，与美特斯·邦威消费群体年龄段的高度吻合度也成为促成此次"跨界"合作的重要原因。

网易 CEO 表示，"美特斯·邦威对互联网化的探索非常积极，我们非常高兴地看到美特斯·邦威互联网转型所做的努力。网易积累了丰富的互联网运营经验，希望双方共同推动在年轻人群体中的影响力"。

美特斯·邦威创始人兼董事长也表示，"与网易的合作是美特斯·邦威进行互联网营销的一次有力探索，美特斯·邦威要在这个时代再次引领年轻潮流，只有紧跟互联网与移动互联网的潮流"。

❖企业家"跨界"

2013 年,由陈可辛导演的青春励志喜剧《中国合伙人》火了。这部电影的亮点,不仅在于它是一部根据真人真事改编的励志故事;更吸引眼球的是,他邀请了众多企业家为其助阵,王石、李开复、冯仑、徐小平、王强、杨澜、沈南鹏等诸多中国企业家都出现在了《中国合伙人》的试映场,大家一起回忆了自己的发家史,而且,冯仑还本色出演,在《中国合伙人》过了一把"演员瘾"。

近来,越来越多的明星企业家出现在了广告片或商业秀场中。

1. 王石代言 Jeep 新大切诺基

2012 年 4 月,在 Jeep 新大切诺基的广告片中,伴着万科集团董事长王石略带沙哑的配音,出现了他与毒蛇对视、在迷宫中前行、攀爬雪山等一幕幕场景。除此之外,王石还代言过摩托罗拉、克莱斯勒等品牌。

2. 潘石屹代言汉王科技

2005 年 12 月 12 日,SOHO 中国公司董事长潘石屹,成为汉王科技的代言人。选择潘石屹代言,符合汉王"创新"的品牌形象,具备创新、智慧气质的人士担任形象代言人正是对汉王品牌理念的完美阐述。

3. 史玉柱代言《仙侠世界》

2013 年 3 月,巨人网络《仙侠世界》项目组宣布斥资 3000 万元,推出一项代言人计划,史玉柱加入其中,完成了自己的代言处女秀。

4. 分众 CEO 江南春代言猎聘网

在猎聘网广告片的前半部分，江南春一改他平日的霸气表现，展示了现代社会企业招人难、个人找工作也难的困扰，最后才又霸气回归，大声地告诉观众：找猎头、上猎聘，你就是精英！

5. 任志强代言海蓝城

2013 年 2 月 27 日的华商报房产信息一栏，出现了一幅整版报纸画面，大标题是"能者，坐享其城"。同时，画面中华远地产董事长任志强的形象尤为引人注目，这是任志强为某地产项目代言的形象广告。

6. 丁磊、李开复等共同代言中国电信 3G

2009 年 4 月，中国电信发布了其新版 3G 电视广告片。广告片中，Google 大中华区总裁李开复、MSN 中国总裁庄毅礼和网易 CEO 丁磊担纲主演，分别演绎了 3G 在移动商务和个人娱乐中的优异表现。

7. 陈欧为自己代言

聚美优品创始人陈欧凭借自身俊美的形象，为自己代言；之后，推出的"陈欧体"又让聚美优品着实火了一把。

参考文献

［1］当宣. 跨界营销［M］. 北京：中国电力出版社，2014.

［2］［爱尔兰］马丁·克里纳. 跨界与融合［M］. 赵晓囡、徐俊杰译. 北京：人民邮电出版社，2015.

［3］沈国梁、卢嘉. 跨界战［M］. 北京：机械工业出版社，2010.

［4］张涛. 跨界的诱惑［M］. 北京：中国青年出版社，2013.

［5］王磊. 完美进化：量化管理出效益［M］. 广州：华南理工大学出版社，2015.

［6］陈劲. 协同创新［M］. 杭州：浙江大学出版社，2012.

［7］［美］伊恩·艾瑞斯. 大数据思维与决策［M］. 宫相真译. 北京：人民邮电出版社，2014.

［8］［日］大前研一. 创新者的思考［M］. 王伟、郑玉贵译. 北京：机械工业出版社，2012.

［9］周宏桥. 跨界引爆创新［M］. 北京：电子工业出版社，2014.

后　记

"跨界"有风险，实施需谨慎

中国市场经济经历了 30 多年的繁荣之后，企业"跨界"已经成为一道风景。联想、中粮、恒大、万达、娃哈哈……大家都正挤在"跨界"这条路上。

目前，只要是在电视上打广告的企业、消费者听说过的知名企业，90%以上都在搞"跨界"。商业大佬们似乎不相信世界上有他们做不好的项目，玩网络的可以去种地、养猪，比如网易创始人丁磊、京东创始人刘强东；做食品的则圈一块土地做起了地产生意，比如娃哈哈掌舵人宗庆后、中粮掌舵人宁高宁。

"跨界"是大众与媒体的通俗说法，企业管理的专业说法是"多元化经营"。目前总体情况是，"跨界"成功和失败的概率各占 50%。是否需要"跨界"、该不该"跨界"，着实让很多企业纠结。

"跨界"是一把真正的"双刃剑"，"跨界"有利有弊，有利的地方在于：可以增加利润，降低把鸡蛋放在同一个篮子里的风险，能在短期内获得进一步发展的空间；弊则在于：企业领导目标不清晰、发展战略不明确、核心竞争力不易培养……

如今，"跨界"失败案例到处都有，比如，重庆力帆进军白酒业，史玉柱当年所在的巨人集团进军地产业。盲目实施"跨界"，结果前者酒厂关门，后者资金链条断裂、巨人轰然倒塌。

当然，"跨界"成功的案例也不在少数：相关性"跨界"，比如食品领域，中粮做全产业链，食品从田地直达餐桌；非相关性"跨界"，比如中粮做房地产业务等业务形态，目前来看盈利效果良好。

外行人看热闹，内行人看门道！有的企业表面上是养猪，但未必靠养猪挣钱，其"跨界"的真正目的是发展良好的政商关系。有企业之所以要投资养殖业，主要是想等从政府手中获批的土地升值，获取巨额利润。

观察企业"跨界"是否成功，表面上的数据并非可靠，而是由企业商业模式所决定的。可是，无论哪个企业"跨界"，都会面临隔行如隔山的困境。而且，虽然企业"跨界"追求规模和增长本身并没有错，但却不能以此取代发展战略。所以，对于时下的"跨界"热，一定要注意警示与风险！